Ensayos sobre poética y política

ALBERTO LAMAR SCHWEYER
Ensayos sobre poética y política

Edición y prólogo de Gerardo Muñoz

COLECCIÓN
MAL DE
ARCHIVO

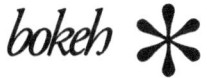

COLECCIÓN
MAL DE ARCHIVO

© Alberto Lamar Schweyer, 2018
© Bokeh, 2018
  Leiden, NEDERLAND
  www.bokehpress.com

ISBN 978-94-91515-88-0

Todos los derechos reservados. Cualquier forma de reproducción, distribución, comunicación pública o transformación de esta obra sólo puede ser realizada con la autorización de sus titulares, salvo excepción prevista por la ley.

Alberto Lamar Schweyer: el arcano
de un intelectual reaccionario | Gerardo Muñoz 7

Poéticas

La evolución modernista [1921] 59
Los fundamentos lógicos del futurismo [1921] 73
La palabra futura [1922] 79
El espiritismo como producto sentimental [1922] 89
Origen del concepto de lo bello [1922] 101
La filosofía del porvenir [1923] 113
La novia de Iván [1924] 119
La estudiantina pasa... [1929] 121
La Musa Mulata: sobre Nicolás Guillén [1931] 123

Políticas

El Conde Tolstói [1921] 131
De *La palabra de Zarathustra* [1923] 135
La guerra, triunfo de Nietzsche [1923] 155

José Ingenieros y
su aporte al pensamiento americano [1925] 161
El error de la democracia [1926]. 165
La sociedad americana del siglo xix [1927] 171
De *La crisis del patriotismo* [1929] 179
De *Cómo cayó el Presidente Machado* [1934] 213
Hitler y la falsificación de la historia [1940] 249
¿En qué consiste el orden? [1940] 253
El espíritu nuevo de Francia [1940] 257
Prólogo a *Luperón: brida y espuela* [1940] 259
El Héroe [1942] 263

Ficha bibliográfica 265
Agradecimientos 267

Prólogo

Alberto Lamar Schweyer: el arcano de un intelectual reaccionario

> Galileo's mortal aversion to impure perspective, anamorphosis and double images, produced that *hantise* de la *circularité* (to borrow the beautiful phrase from Alexandre Koyré) which made it impossible for him to visualize the solar system as a combination of ellipses... he could not but feel that ellipse is a distorted circle: a form which was, so to speak, unworthy of celestial bodies, which cannot result from what he conceived as uniform motion...
>
> Erwin Panofsky, «Galileo as a critic of the Arts» (1956)

1. Estilo del reaccionario

Me gustaría imaginar a Alberto Lamar Schweyer (1902-1942) como uno de esos escritores apócrifos registrados en el museo de *La literatura nazi en América* (1996) de Roberto Bolaño. Nacido en Matanzas en 1902 y fallecido en 1942 en La Habana, Lamar Schweyer fue una de las plumas más inquietas de las primeras décadas de la república cubana. En un obituario publicado en 1943 en la *Revista Cubana*, el intelectual cubano José María Chacón y Calvo lo recordaría como un caso de precocidad excepcional que atravesó todos los géneros: desde el ensayo filosófico y el periodismo, a la intervención pública y la novela, e incluso la de *ghost writer* de autobiografías (Chacón y Calvo 1943: 133-134). En efecto, uno de los últimos trabajos de Lamar fue la redacción de las memorias de Eulalia de Borbón durante su estancia en Francia luego del derrocamiento del General Machado en 1933[1]. A partir del éxito comercial del libro, Lamar Schweyer regresaría dos años después a la isla, donde ingresaría a la dirección del diario *El País*, en el cual trabajó hasta su muerte. En estos últimos años publicó sus dos últimos libros, la novela *Vendaval en los cañaverales* (1937) y la compilación de artículos sobre la segunda guerra mundial reunidos bajo el título *Francia en la trinchera* (1940). Miembro fundador del Grupo Minorista y expulsado del mismo, Lamar Schweyer ingresó como secretario de prensa en la dictadura de Gerardo Machado (1927-1933), luego de haber esbozado las bases teóricas para la justificación de la dictadura en su influyente *Biología de la democracia* (1927), ensayo que generó réplicas en el campo intelectual cubano y

---

[1] José María Zavala nos dice lo siguiente sobre Lamar en París: «El destino quiso que Alderete conociese poco después a Alberto Lamar Schweyer en París, donde había llegado en compañía del ex presidente cubano Gerardo Machado, de quien era secretario. Enseguida congeniaron ambos, y Alderete le propuso redactar juntos las posibles memorias de la infanta». Eulalia aceptó el proyecto que le plantearon, «y con más agrado, ya que Lamar Schweyer era un muchacho apuesto, de casi dos metros de estatura y corpulento. Parece como si el secretario de don Jaime de Borbón intuyese ya el tipo de hombres que atraían a la infanta» (2008: 24-25). También el escritor dominicano Virgilio Ferrer Gutiérrez lo retrataba en París de esta manera: «Lamar Schweyer es cubano. Es más: es un notable escritor y un destacado periodista. Reside en París desde hace un año y medio. La tormenta revolucionaria lo aventó. Su militancia en las filas del régimen caído el 12 de agosto de 1933, lo obligó a hacer la maleta» (1938: 85).

latinoamericano de la época². En una atinada caricatura de la «mesa sabática minorista», el ilustrador Conrado Massaguer ubicaba a Lamar Schweyer detrás de una ventana, tan sólo reconocible por su insigne bigote y lentes esféricos. La caricatura ponía en imagen la transformación de Lamar del minorismo estético a su compromiso político, que se condensaba en la carta pública al periodista Ramón Vasconcelos tras su expulsión del grupo: «Mi querido Vasconcelos: yo no soy minorista. Creo en las "minorías" de selección, pero no en las sabáticas. Ya el Minorismo no existe, es un nombre y nada más» (Cairo Ballester 1979: 63). La salida de Lamar del Minorismo marca en realidad su entrada en la concepción de una política para minorías capaz de iniciar la regeneración de una cultura anti-

---

² Ana Cairo ha documentado muy bien la ruptura de Lamar y el Minorismo, y la controversia que tuvo lugar a partir de su carta a Vasconcelos en su libro *El Grupo minorista y su tiempo*. Años más tarde en una conferencia, Alejo Carpentier se referiría a Lamar como el traidor del Minorismo y «fiel a una falsa vocación». En La Habana, *Biología de la democracia* (1927) fue contestado por Roberto Agramonte en su *La biología contra la democracia: ensayo de solución colectiva* (1927). En la América continental, la recepción del libro de Lamar fue extensa. En la escena chilena, *Biología* fue reseñado por Rafael Maluenda y glosado por Alberto Edwards, este último autor de *La Fronda Aristocrática en Chile* (1928). En Colombia, Rodrigo de Triana escribió *Democracia y Tropicalismo* (1928), desplazando la tesis de la dictadura por la cuestión de la reforma agraria. Más radical aún fue el fascista colombiano Silvio Villegas, quien tomando la tesis de Triana en su *No hay enemigos a la derecha* (1937) proponía una movilización contraterrorista del campesinado como oposición a las élites urbanas. Y hasta en el Perú, el filósofo marxista José Carlos Mariátegui criticaba en *Defensa del marxismo* (1934) el cientificismo anti-económico de Lamar: «el escritor cubano Lamar Schweyer, autor de una *Biología de la Democracia*, que pretende entender y explicar los fenómenos de la democracia latinoamericana sin el auxilio de la ciencia económica, puede ser citado entre estas víctimas. Es obvio recordar que esta adaptación de una técnica científica a temas que escapan a su objeto, constituye un signo de diletantismo intelectual» (Mariátegui 1988: 5).

democrática para los gobiernos latinoamericanos ajustada a sus «culturas». Siendo muy joven Lamar escribió ensayos y artículos en diversas revistas y periódicos habaneros, como *Social*, *El Sol*, *Fray Mocho*, *El Fígaro*, *Smart*, *La Discusión*, *Venezuela Libre* y *El País*. Lamar era dueño de una pasión que él mismo describía como circunscrita al «talante del humorista e ironista» (1925: 7).

A lo largo de su vida, escribió cuatro libros de ensayo: *La palabra de Zarathustra: Federico Nietzsche y su influencia en el espíritu latino* (1923), *La biología de la democracia: ensayo de sociología americana* (1927), *La crisis del patriotismo: teoría de las inmigraciones* (1929) y *Cómo cayó el Presidente Machado: una página oscura de la diplomacia norteamericana* (1934). También fue autor de las novelas *La Roca de Patmos* (1932) y *Vendaval en los cañaverales* (1937). Olvidado por las historiografías oficiales y omitido por los policías del canon literario, Lamar ha sido un suplemento maldito de la letra. En esta antología se recogen más de una docena de sus escritos sobre poética y política, escritos a lo largo de cuatro décadas y todos ellos publicados por primera vez desde que fueron escritos en revistas de la época[3]. El propósito es presentar un letrado cubano poco conocido para así alcanzar una mejor comprensión del pensamiento reaccionario latinoamericano, así como del pluralismo intelectual que marcaron las décadas de la república cubana[4]. Nuestra hipótesis es

---

[3] Salvo la novela *La Roca de Patmos* (1932), la obra de Alberto Lamar Schweyer permanece sin reeditarse en Cuba. En los últimos años, *La palabra de Zarathustra* (1923), *Biología de la democracia* (1927) y *La crisis del patriotismo* (1929) han sido reeditadas por editoriales fuera de la isla.

[4] Aún no se ha escrito un estudio definitivo sobre las raíces y el desarrollo del pensamiento de derechas en la tradición cubana. Estudios como *Motivos de Anteo* (2008), de Rafael Rojas, y *Los límites de Origenismo* (2005), de Duanel Díaz Infante, han tenido el importante mérito de estudiar con rigor el pluralismo ideológico y la diversidad intelectual de la configuración del campo letrado cubano durante la república. También conviene recordar aquí

que la mirada del reaccionario nos ayuda a pensar la crisis de lo político tal y como ocurría en el período de entreguerras, y que posteriormente influiría en las agendas culturales y las miradas intelectuales ante el fenómeno de la movilización de la técnica[5]. Como veremos más adelante, Lamar no sólo sería testigo de esta crisis, sino que también intentó dotarse de un arcano ante la turbulencia de su momento histórico. Su movimiento optó por la mirada contramoderna y reaccionaria cuyo estilo generaba las ilusiones de un viejo arcano heroico[6]. No hay duda alguna de que Lamar Schweyer permanece como una figura fantasmal e intermitente en las derivas de los archivos cubanos y latinoamericanos. De ahí que indagar en su figura nos ayuda a vislumbrar un *estilo* intelectual de los años veinte y treinta.

En realidad, esta pequeña antología tiene como propósito, en línea con la empresa de la colección *Mal de archivo*, la elucidación de un estilo letrado enterrado por las voluntades hegemónicas y sus horizontes revolucionarios[7]. Partimos de la premisa

---

el número 24 de 2002 de la revista *Encuentro de la cultura cubana*, dedicado a la República.

[5] Ernesto Hernández Busto escribe en la introducción de su ensayo *Perfiles derechos*: «Muchos intelectuales del periodo de entreguerras percibieron esa degradación y la contestaron de diversas maneras. En general, contemplaron la historia desde un palco privilegiado: ajenos tanto a las acciones decisivas como a las veleidades del gran público [...] terminaron como víctimas del "seductor reclamo del pájaro dionisiaco" al que se refiere Nietzsche en *El nacimiento de la tragedia*. Imaginaban que tras la superficie abigarrada de los mitos les aguardaba un renacimiento espiritual. En esos casos, el contorno político de los escritos y de la biografía no es tanto una elección previa como la suma de estas esperanzas frustradas» (2004: 12).

[6] Sobre la copertenencia entre heroísmo y horizonte sacrificial en la imaginación y los discursos letrados cubanos, véase Ichikawa 2001 y Hernández Salván 2015.

[7] Y de sus impugnaciones ideológicas. En una conferencia de 1963, «Mella y los intelectuales», el crítico marxista José Antonio Portuondo podía escribir

de que sólo el estilo está en condiciones de comprender el *ethos* general de una época. En otras palabras, sólo el estilo puede darnos el brillo de un testigo singular cuyo acceso no se limita a las reproducciones normativas de los relatos historiográficos[8]. Esto implica que la recuperación de un *estilo* nos provee con la génesis de un pasado sin echar mano de las pulsiones de restitución. De ahí conviene notar, desde ya, que la recuperación de este escritor no busca situar su obra en función de las demandas de nuestro presente. Estamos conscientes de que Lamar nada puede decirle a este momento en cuanto programa intelectual, ideológico, o regional. Por lo tanto, no se trata de «volver actual» a Lamar. Bastaría más. Y es por esta razón que nos parece que pensar la recuperación desde el *estilo* hace posible indagar de manera adecuada y objetiva en una figura singular. En efecto, era esto lo que proponía Bolaño en *La literatura nazi*, y por eso su catálogo no era otra cosa que la puesta en escena desde donde el estilo brillara en la figura (*Gestalt*) del mal. Y es que la figura no pretende restituir una fuerza hegemónica de archivo.

---

que Lamar Schweyer era el típico intelectual a favor de los intereses extranjeros, y confundía *Biología de la democracia* con *La crisis del patriotismo*: «Lamar Schweyer es un típico intelectual al servicio de los intereses extranjeros. Su libro *La crisis de patriotismo* es un libro falaz pero muy seriamente escrito en donde se trata de justificar la dictadura de Gerardo Machado con razones tomadas de una serie de sociólogos burgueses y con un sentido de seriedad que no se había dado jamás a estos estudios entre nosotros» (Portuondo 1965: 101).

[8] El filósofo José Luis Villacañas ha llamado la atención sobre la necesidad de hacerse cargo de la cuestión del estilo en la tradición de estudio del pensamiento y las culturas hispánicas: «La cuestión del estilo es central en la historia […] los hábitos pueden ser observados en común, los estilos no. Por eso el estilo es el objeto preferido de la historia, porque singulariza su verdad. Estilo es el brillo del animal humano singular y afecta a la manera en que singularizar su hábito en medio de la objetividad institucional. Como tal, el estilo es la síntesis en la que opera materialmente el cruce de racionalidad objetiva y subjetiva» (2017a: 10).

El estilo insiste en la desarticulación del principio originario, insistiendo en la sutura irreducible entre literatura y política. La única política posible es una política en cuanto fisura que deshaga todo cierre de archivo, y que recupere el discordante ruido que el reaccionario nos deja ver desde la singularidad que emana de su estilo.

El estilo se aleja de la organización epistémica de la cultura para recaer en la forma del mito. Por eso, contra las demandas por la restitución o la configuración biográfica, propongo que nos acerquemos a Lamar a partir del registro mitológico. En efecto, como estudió en su momento el gran mitólogo italiano Furio Jesi, el mito y la literatura convergen en un nudo común por el cual cierto orden tropológico –como pueden ser el heroísmo, el sacrificio, el espiritualismo, o la luminiscencia[9]– revelan la época en su humus. Esa tipología propia de las culturas de derecha en la obra de Lamar se traduce a cuatro instancias específicas: el examen de un esteticismo futuro, la articulación positivista de la razón dictatorial, la narración de la crisis del patriotismo, y el arcano protagonizado por el genio latino. Es curioso que en *La literatura nazi en América* (1996) Bolaño registre un escritor cubano de derechas, el apócrifo Ernesto Pérez Mason, autor de novelas góticas, entre ellas una titulada *El Ingenio de los Masones*, que guarda un extraño parecido a *Vendaval en los cañaverales*[10]. Pérez Mason condensaba la anfibología psicótica de la nación caribeña haciendo aparecer en un mismo plano al ingenio y la revolución, Lezama y Virgilio, Fidel y Miami. El *eidos* del mito, al fin de cuentas, libera

---

[9] Dice Jesi: «Esta es la gran derecha: la gran sequedad. Lo que sigue es la declaración, articulada en retratos ejemplares, de la nobleza del Espíritu» (1989: 5).

[10] Véase también la réplica de Rafael Rojas a una entrada mía sobre la traza cubana en *La literatura nazi* de Roberto Bolaño (Rojas 2016: en línea).

las formas de asociación y la turbulencia de los archivos para darnos un mejor sentido de la vida del escritor como estilo[11]. Y aunque sea en su intermitencia, ese saber nocturno y colindante termina acechando las formas redondas de toda iluminación de aquello que llamamos cultura.

II. El poema de la razón dictatorial

Los orígenes ensayísticos de Lamar Schweyer pueden constatarse en libros como *Los contemporáneos* (1921) y *Las rutas paralelas* (1922), así como en los ensayos publicados en los periódicos habaneros *El Fígaro*, *Cervantes*, *El País* o *Social*. Toda esta ensayística está atravesada por el interés por la poética modernista y las vanguardias estéticas que, para buena parte del Grupo Minorista, suponía la posibilidad de llevar adelante una «revisión de los valores» para la cultura nacional[12]. En el caso concreto de Lamar, desde muy temprano su interrogación estuvo ligada al estatuto filosófico del poema y la cuestión de la lengua de la ruptura hacia el futuro[13]. Ineludiblemente esto

---

[11] Para Giorgio Agamben, este momento constituye una ontología del estilo, es decir, la capacidad de evocar una vida no desde una secuencia de eventos reales, sino desde formas eficaces y ejemplares que nos devuelvan el brillo de una vida. Dice Agamben: «Come descrivere una forma-di-vita? Plutarco evoca un *eidos*, una forma che il biografo deve saper cogliere al di la della farragine degli eventi. Se questa singolare proiezion dell'opera sulla vita resta problematica, e possibile, tuttavia, che proprio il tentativo di definire una vita a partire da un'opera costituisca qualcosa come il luogo logico in cui la biografia antica ha presentito l'idea di una forma-di-vita» (2014: 291-292).

[12] Esto quedaba muy claro en la «Declaración del Grupo Minorista», donde puede leerse: «Por la revisión de los valores falsos y gastados. Por el arte vernáculo y, en general, por el arte nuevo en sus diversas manifestaciones» (en Osorio Tejada 1988: 249).

[13] Sobre las estrategias retóricas del futurismo, véase Perloff 1986.

conducía al futurismo, sobre el cual había un gran interés en las revistas habaneras en las cuales Lamar publicaría sus dos ensayos más importantes sobre el tema, «Los fundamentos lógicos del futurismo» (1921) y «La palabra del futuro» (1922)[14]. El poema del futuro, atisbaba Lamar, no iba a tener ninguna relación con el caos de la descomposición de la forma, sino con la claridad de una poesía de ideas. La dimensión de la Idea, necesariamente una entelequia conceptual, intuía que el poema era sólo el vehículo en un devenir histórico en el cual se tendría que producir la liberación del lenguaje. Esto era consistente con las ideas estéticas de Marinetti, quien años antes había hablado de «palabras en libertad» (*parole in libertà*) o «destrucción de la sintaxis» (*distruzione della sintassi*). Lamar, en cambio, traduciría el poema como modalidad expresiva de una nueva mecánica del verso que abría un futuro gobernado por la Idea. En el ensayo sobre Nicolás Guillén, Lamar insiste en que la poesía debía colocarse en un «plano superior»; algo que Guillén había conseguido desde la transculturación rítmica de sus versos a la «Musa Mulata». Este plano ulterior no era otra cosa que la temporalidad absoluta del tiempo de la historia como superación de las ruinas del presente. Así, el poema era el vehículo desde el cual reaccionar frente a la crisis espiritual del momento, que había perdido la fe en el filósofo y en el hombre de ciencia para llevar adelante la especificidad de sus capacidades imaginativas. Esto queda plasmado en el programático ensayo «La filosofía del porvenir» (1923), pero también en *La palabra de Zarathustra* (1923), donde Lamar lee la obra de Nietzsche como inventor de un «poema de los días futuros

---

[14] En las páginas de *El Fígaro* en 1919 (fondos digitalizados de la Universidad de Yale) se puede encontrar, además, toda una serie sobre «humor futurista».

y elogio de la fuerza que deshace la indecisión hamletiana de la vida negativa por un optimismo que tiene así mismo la fe de una nueva vida» (1922: 27). El poema nietzscheano cumplía la función profética desde una fuerza intuitiva que combatía todas las debilidades de las inteligencias que carecían de las condiciones de orientar un futuro práctico[15]. En un momento de «La filosofía del porvenir», Lamar contrapone al hombre de ciencia y al filósofo una tercera figura que ocupa el lugar de un «¡nuevo, desconocido, que lleva en la mano un paquete de menos, y que sonríe y dice un día vendrá! Ese personaje es el practicismo» (1923b: 283). La expulsión de Lamar del minorismo marcaría un desplazamiento de la poética del futurismo al futuro de la política. Y si la debilidad presentista se contraponía al *practicismo*, en el campo de la política, el parlamentarismo se opondría a la razón dictatorial.

El poema del futuro constaba con una forma concreta en el registro político: la dictadura soberana como modelo para un recomienzo político en América Latina. En esta misma década, Walter Benjamin observaba cómo la escritura de Jünger se asumía como la traducción del *L'art pour L'art* en la experiencia de la guerra. De igual forma, la apuesta de Lamar consistió en un movimiento inverso: traducir el poema en la fuerza dictatorial del futuro[16]. La tesis de su libro más programático, *Biología de la democracia: ensayo de sociología americana* (1927) –y el que sin lugar a dudas tuvo mayor circulación fuera de La Habana, entre las redes intelectuales de latinoamericanos como José Carlos Mariátegui, Rodrigo de Triana, Rafael Maluenda, y Alberto

---

[15] Véase Papini 1933.

[16] En «Teorías del fascismo alemán», Walter Benjamin decía: «Esta nueva teoría de la guerra, que tiene su origen rabiosamente decadente inscrito en la frente, no es más que una transposición descarada de la tesis de *L'Art pour L'Art* a la guerra» (2001: 49).

Edwards–, reincidía en la necesidad de forjar una dictadura soberana que estuviera en condiciones de enfrentar la ilusión del derecho natural como fuente de legitimidad para un proyecto democrático. Para Lamar, la democracia no sólo era un artificio que llevaba al caos, sino que no se ajustaba a la evolución de las razas en América Latina, y por lo tanto acababa siempre generando un falso sentido de igualdad y un permanente estado de demagogia estatal. Este fracaso, pensaba Lamar desde una postura que lo acercaba a las ideas de Carl Schmitt (a quien no es muy probable que haya leído), se debía a que la forma parlamentaria, con su función de representación y delegación, no podía producir formas adecuadas para el cuerpo impolítico del pueblo ni para la decisión en momentos de incertidumbre[17]. El Ejecutivo, de la misma manera que el Soberano para Schmitt, era quien podía encarnar «mejor que el Congreso, una representación del Estado en una vuelta de realidad a la filosofía política del siglo XVIII» (1926: 8). La infantilización de las masas, la inferioridad del pueblo americano, su involución natural en el derecho, eran todos impedimentos que frenaban el funcionamiento eficaz de una política del orden de la mano de minorías aristocráticas que estaban dispuestas a encarnar la voluntad de Estado contra el constante peligro parlamentario. Aquí Lamar recogía los frutos de un nietzscheanismo que veía en la confección de una nueva aristocracia la salida del nihilismo que encarnaba la democracia[18].

---

[17] En *Crisis de la democracia parlamentaria*, Schmitt notaba: «Porque el parlamentarismo y la democracia eran tan próximas a lo largo del siglo diecinueve casi que se pudiera decir que eran sinónimas. Pero la democracia hoy puede existir sin lo que llamamos parlamentarismo, y el parlamentarismo puede existir sin la democracia; la dictadura, entonces, es la antítesis de la democracia como la democracia lo es de la dictadura» (1988: 32; mi traducción).

[18] Aquí conviene citar a un crítico autorizado como Malcolm Bull, quien explica en *Anti-Nietzsche* cómo el nuevo valor de lo político reside en

La dictadura soberana, a diferencia de la comisarial, condensaba el espíritu impolítico del pueblo a través de una fuerza liberada de los obstáculos que imponía la democracia en sus capacidades de reconocimiento en el derecho por encima de la gestión ordenada del Estado. En ese este sentido, Lamar parafraseaba no sólo a Schmitt sino también a Max Scheler, quien en los años de Weimar había visto en la figura de Walter Rathenau el brillo carismático de la élite política capaz de darle fin al desorden democrático y sus oscilaciones del constitucionalismo liberal moderno[19]. Pero si para Schmitt la crisis del parlamentarismo se resolvía desde una construcción comisarial en cuanto decisión existencial sobre el estado de excepción, para Lamar la dictadura suponía el rediseño metapolítico constitucional para así legislar la totalidad del espacio social del destino americano. En otras palabras, la forma política de la Idea se expresaba nominalmente en la realización efectiva de la dictadura. Carl Schmitt, como sabemos, era esencialmente un pensador jurídico moderno de la conservación del derecho, interesado en remontarse a las teorías de la soberanía del *ius publicum europeum* (Bodin y Hobbes, Bonald y Donoso Cortés), apostando por un poder de retardamiento contra la fragilidad del

---

la afirmación de esa nueva aristocracia: «Those who value valuation are the new aristocracy, but the value of their valuation of valuation lies not in that valuation itself but in the social arrangement it effects, which is the only one that permits valuation to place at all» (2011: 72).

[19] Sostiene Scheler: «I have never personally known anyone more convinced that the history of mankind is propelled solely by tiny elites and that the masses always provide only the material and the obstacles for the constructive political and economic spirit and will of these elites» (en Struve 1973: 149). Según el propio Lamar, Max Scheler había leído *La palabra de Zarathustra* como «una de las interpretaciones más originales, más amargas y más importantes de la guerra en su aspecto ético, que ha de contribuir grandemente a organizar los problemas de la moral contemporánea» (1925: 7).

liberalismo que no conocía *katechon* al interior de su legitimidad. Esta fue la originalidad de su concepción de lo político en el momento irreversible de la secularización moderna. Es decir, la teología política no es otra cosa que la traducción de la autoridad de la *complexio oppositorum* de la Iglesia al campo moderno de la división de poderes, que tenía en el ejercicio de la unidad política un mayor grado de intensidad de asociación y desasociación[20]. Para Lamar, en cambio, la dictadura era la forma manifiesta en sintonía con los fundamentos biológicos que confirmaban la orfandad americana. Esto hacía que, a pesar de su anticatolicismo, Lamar Schweyer estuviera más cercano a las posiciones ultramontanas que a las ortodoxias contrarrevolucionarias, puesto que su concepción buscaba destruir el proceso de irreversibilidad constitucional más allá de todo *katechon* al interior evolutivo del derecho o bien del excepcionalismo de la dictadura comisarial[21]. Esa metapolítica *aconstitucional*

---

[20] En «Ética de estado y estado pluralista», Schmitt sostiene claramente: «La unidad política es la unidad suprema, y no porque dictamine todopoderosamente o porque nivele a las demás unidades, sino porque es la que decide y porque puede evitar que dentro de ella todas las demás agrupaciones sociales se disocien hasta la enemistad extrema (esto es, hasta la guerra civil)» (2011a: 29).

[21] Aquí Lamar se diferenciaba sustancialmente de posiciones teóricas en torno a la dictadura, como la de *Cesarismo Democrático* (1919) de Vallenilla Lanz, quien pensaba que la dictadura sería una fase prostática necesaria pero que tenía como finalidad la convivencia democrática. No era así para Lamar, para quien la dictadura era la forma inamovible que mejor se ajustaba a la composición psíquica del latino-americano. El anticatolicismo hacía imposible, por otra parte, heredar la tradición reaccionaria hispana que venía de la mano del conservadurismo contrarrevolucionario de José Donoso Cortés, Antonio Cánovas del Castillo o Ramiro de Maeztu, quienes identificaban el catolicismo español con el *katechon* de la monarquía constitucional, si bien había sido Maeztu quien, a diferencia de Cánovas, había propuesto una dictadura soberana a partir de la figura de Primo de Rivera como representante capaz de responder al fenómeno moderno de masas que crecían como exceso al

necesitaba declararse, primero que todo, una antipolítica. De ahí que, en «El error de la democracia», Lamar escribiera: «el hombre no es un animal político en sí, sino porque necesita una moral pública, un sometimiento de individualidad para ayudar su vida con la vida de los demás» (1926: 10). La dictadura, comprendida como valor científico sobre la composición de la «vida» de lo humano, devenía un verdadero hombre desnudo como materia poblacional del mando soberano[22].

Si la democracia en América Latina había nacido, como años antes habían argumentado García Calderón o Rafael Maluenda en sus respectivas teorías autocráticas, sin tracción en el pueblo, lo que habría desembocado en guerras civiles inmediatamente después de la independencia, en cambio la dictadura, desde los presupuestos de una metaforización biológica, era la solución compensatoria al carácter psíquico de lo social carente de una tracción de masas. La dictadura traduciría el principio de una biología deficiente en un futuro integral hilado por la armonía, la espiritualidad y las fuerzas vitales, y donde las raíces latinas aflorarían a contrapelo de la secularización moderna. La visión

---

katechon comisarial. Lamar no asumía esta posición porque, como argumenta en *La crisis de patriotismo*, el sentimiento hispánico era la causa de la crisis del patriotismo en los países americanos. En este punto la postura de Lamar se diferenciaba de reaccionarios latinoamericanos, como puede ser el caso del mexicano Jesús Guisa y Azevedo, autor de ensayos como *Hispanidad y germanismo* (1945) o *Doctrina política de la reacción* (1941), quien veía la hispanidad y el catolicismo como eje de orientación de su programa político. Sobre la distinción entre conservadurismo ultramontano y ortodoxia católica en el constitucionalismo hispánico, véase Villacañas 2004. Sobre el caso hispánico, véase López Alós 2011.

[22] Obviamente aquí se juega la relación vinculante entre soberanía y biopolítica en el desarrollo político de Occidente, que el filósofo italiano Giorgio Agamben ha estudiado desde la figura oscura del *homo sacer* en el derecho romano.

política reaccionaria atizaba la latencia de ese momento donde los dioses se habían retirado, y Roma sólo figuraba como un emblema carente de eficacia.

III. Abstracción y la crisis del patriotismo

Para lograr entender el desencanto de Lamar Schweyer ante su época, su mirada escéptica sobre el patriotismo y la nueva configuración geopolítica entre Estados Unidos y Cuba, hay que pasar por su novela *Vendaval en los cañaverales* (1937). Desde luego, esta obra es el testimonio literario de la catástrofe de Machado, cuyos últimos días Lamar contaría en las memorias *Cómo cayó el Presidente Machado* (1934), un testimonio único sobre el intervencionismo de la diplomacia norteamericana en la isla y de los efectos de una soberanía fracturada producto de la Enmienda Platt[23]. En 1937, el mismo año en que José Lezama Lima publica *Muerte de Narciso*, aparece en La Habana *Vendaval en los cañaverales*, escrita entre París y Nueva York. A pesar de haber sido llamado *el traidor* del movimiento minorista al entregarse orgánicamente al régimen de Gerardo Machado en calidad de secretario de prensa y autor de una defensa de la razón dictatorial con *Biología de la democracia* (1927), el pintor Marcelo Pogolotti notaría décadas más tarde que esta novela fue una de las más sobresalientes de la época: «unos tres años después de la caída de Machado, produjo la mejor novela que se había escrito hasta entonces en Cuba, *Vendaval*

---

[23] El propio Lamar reconocía en *Cómo cayó el Presidente Machado* las limitaciones jurídicas de la enmienda Platt. Lamar notaba cómo la enmienda, que había sido inscrita con el fin de proteger la propiedad americana en la isla, pronto se vería instrumentalizada políticamente para remover y conspirar con Machado. Sobre los debates machadistas y la justificación del excepcionalismo al interior de la soberanía nacional, véase Núñez Vega 2002a y 2002b.

en los cañaverales. Vendaval en los cañaverales, pese a que la misma se resienta de la posición contradictoria del autor y del régimen funestamente paradójico al que sirvió [...] sacrificaba a los pequeños hacendados del país en bien de los poderosos de fuera. Con todo, el libro está cuajado de verdades contundentes» (Pogolotti 1958: 116). Y aunque no lo dijera, una de las tramas de *Vendaval* reescribía el emblemático cuadro *Paisaje cubano* (1933) del pintor comunista, donde aparecen retratados todos los actores del complejo azucarero en una precisa estructura jerárquica: los burgueses de sombrero de copa instalados en la parte alta del cuadro, los campesinos sin rostro cortando caña hacia el fondo, y en la parte central miembros del ejército nacional con rifles al hombro cercando el perímetro del ingenio.

Vendaval narra una intriga obrera que en los convulsos años treinta trastocaría el complejo azucarero cubano y el corazón mismo de la acumulación exportadora, tal y como explicó en su momento Manuel Moreno Fraginals (1999). El dispositivo azucarero en *Vendaval en los cañaverales* aparecía espacializado, a tal punto que los propietarios de la corporación *Goldenthal Sugar Company* se encontraban en todas partes y en ninguna. Al igual que su primera novela, *La roca de Patmos* (1932), *Vendaval* sería un intento por narrar la crisis del destino cubano como la consumación de una derrota espiritual de las élites cubanas, cuyo melodrama ponía de relieve los procesos abstractos de esa subjetividad.

Pero a Lamar Schweyer no le interesaba aquí reconstruir el melodrama de las costumbres y los hábitos psíquicos de esta clase dominante. En esto *Vendaval* difería de *La Roca de Patmos*. En verdad, buscaba desplegar un mosaico que entregara un verosímil a la crisis de una facción generacional arrojada a una banalidad que la volvía incapaz de enfrentar los dilemas materiales del país. Esta ceguera hacía que la revolución siempre estuviese a la vuelta de la esquina, plasmada en un *polemos* político más allá de los consensos nacionales. Las revoluciones, pensaba Lamar, no serían otra cosa que el sobrevenido de esta torpeza que retardaba el síntoma de una flaqueza moral que sólo tenía en el dinero el provisorio emblema de su universo simbólico. La enseñanza de la revolución –y aquí polemizaba con el Secretario de Estado Orestes Ferrera– ya no era posible a través de una aplicación basada en la *mea patria* de una dictadura comisarial a la manera del paternalismo presidencialista del General Machado[24]. La dictadura sólo podía resolver problemas puntuales y de naturaleza excepcional, pero no podía hacerse cargo de una crisis que atravesaba la composición misma de destino nacional ni de los revueltos insumos del espíritu burgués. El *vendaval* al cual apuntaba la novela ya desde el título remitía a la crisis terminal de una clase que dejaba de ser heroica.

Para dramatizar este conflicto, Lamar ambienta gran parte de la novela en Niza y en los alrededores de la Riviera francesa, donde un grupo de expatriados cubanos, aristócratas franceses e inversionistas españoles coinciden en la vida nocturna. Los placeres, cuchicheos, las conquistas amorosas y los adulterios adornan sus días y noches. Ese ambiente de enajenación era propio de una vida anárquica, carente de todo orden, propio

---

[24] En una conferencia leída en 1932, «Las enseñanzas de una revolución», luego publicada como libro, el Secretario de Estado de Gerardo Machado, Orestes Ferrera, aún creía en el principio patriótico como horizonte de orientación política: «Queda el camino franco, lleno de sol, de la cooperación, de la armonía, de la buena voluntad, de la honorabilidad de todos, de la sinceridad, en una palabra, del patriotismo, porque tales conceptos, cuando se aplican a la unidad étnica y geografía que amamos y habitamos, se resumen en esta noble y alta expresión» (1932: 71).

de aristócratas renuentes a ser gobernados[25]. En efecto, en las primeras cien páginas de *Vendaval* la política no es otra cosa que la ruina del objeto perdido que producía una melancolía afectuosa. La interioridad de los sujetos no pertenecía a lo terrenal y las continuas descripciones del cielo estrellado de la noche mediterránea recuerdan a experimentaciones de la *éternité par les astres* de Auguste Blanqui, donde la alquimia del dinero ha sido trasmutada en un polvo astral de un cielo inmutable. El comienzo mismo de la novela ya nos prepara para un proceso de abstracción que pronto será interrumpido por el acontecer de una huelga que está teniendo lugar en un cañaveral en la lejana isla del Caribe: «Los ojos se le llenaron de luz y de azules quedándose fijos en el precioso horizonte. Abrió la boca y aspiró con fuerza como si quisiera que por garganta y nariz entraran igual que por la mirada, los encantos del Mediterráneo… Gonzalo Maret llegaba a la conclusión de que el mundo, que amaba variado y disímil, resultaba igual en todas partes» (Lamar Schweyer 1937: 1).

La anodina abstracción del mundo burgués producía el semblante flotante de un mundo abrumado por el aburrimiento que recogían las miradas. El mundo de la abstracción de esta comunidad de expatriados es abstracto no por la recreación de los ambientes y sus fruiciones, ni por el eterno retorno del tiempo del ocio que borra la división del trabajo en función

---

[25] La anarquía del poder aparece de manera brillante por G. K. Chesterton en *The Man Who Was Thursday*: «The poor have been rebels, but they have never been anarchists: they have more interest than anyone else in there being some decent government. The poor man really has a stake in the country. The rich man hast; he can go away to New Guinea in a yacht. The poor have sometimes objected to being governed badly; the rich have always objected to being governed at all. Aristocrats were always the anarchists, as you can see from the barons' war» (1986: 128).

de una ensoñación utópica. El proceso de abstracción era la antesala de un relato cuyas condiciones materiales para la liberación del tiempo de la vida debía ser excluido del orden de lo narrable para hacer posible el devenir de ese universo. La abstracción, en este sentido, no es la fuga poética de la realidad hacia un plano existencial, sino más bien la imposibilidad de que la vida y su horizonte de expectativas puedan coincidir[26]. Sólo en el momento en que la soberanía de la corporación *Goldenthal Sugar Company* se percibe amenazada, la crisis entre el universo material estalla sobre lo abstracto. Lamar Schweyer teje este derrumbe en intersticios apenas legibles, como en una secuencia en la cual el secretario del magnate Goldenthal se dirige a enviar un telegrama a Nueva York:

> Mientras Levine subía para redactar el cable con premura encomendado, dejando a su sobrina reparte sonrisas y prosodias francesas a un grupo de argentinos en vacaciones, se asiló sobre una ventana costera a mirar las estrellas. Frente al hotel, gran curva abierta punteada de luces, la playa de Copacabana dilatada y soberbia con el ancho arenal, le hacía pensar en una Niza vista con cristales de aumento duplicadas las proporciones. Detrás del paisaje nocturno, la noche llena de estrellas brillante era como una capa de taumaturgo. Allí lejos, como sombrío que enmarcan las estrellas, el Corcovado se iluminaba cornado de luces para dar enviado al Pan de Azúcar en sombras. (1937: 176-177)

---

[26] T. J. Clark entiende el proceso de abstracción en estos términos, referidos a la calculabilidad homogénea del tiempo: «abstraction; social life driven by a calculus of large-scale statistical chances, with everyone accepting (or resenting) a high level of risk; time and space turned into variables in that same calculus, both of them saturated by "information" and played with endlessly, monotonously, on nets and screened, the de-skilling of everyday life...» (2001: 7).

La constelación del Pan del azúcar en el cielo comenzará a arder en el cañaveral de la tierra. La huelga vendría a descomponer el empalme entre la vida en el firmamento y la existencia en la tierra. En realidad, *Vendaval en los cañaverales* escenifica el nihilismo cosmopolita de la élite en el momento en que su proceso mental abstracto entroniza con el síntoma de la crisis terminal del patriotismo. El personaje central y eje de la novela, Gonzalo Maret, médico, solterón y mujeriego, vendría a encarnar ese patriotismo a destiempo que ahora reluciría como la figura sacrificial huérfana de toda heroicidad. Esto, claro está, no se debía a que la patria hubiera desaparecido, sino a que la moral burguesa era incapaz de construir un equilibrio en el contrato social, incluso a pesar de sus buenas intenciones. Ese fallo de racionalidad era propio del viajero cuyo síntoma de *desrealización* sólo atinaba al consuelo de un narcisismo que reprimía su pulsión de muerte[27]. Esa comunidad extraviada en los mares de Niza improvisaba un anarquismo aristocrático desprovisto de todo sentido histórico:

> La colonia cruza por todos los caminos se mueve elástica y sinuosa, pero es siempre la misma, con igual espíritu, con las

---

[27] Me refiero aquí a desrealización no sólo en el sentido marxista del término, cuya determinación central es la economía política, sino al alcance de comprensión psíquico del singular sobre el objeto perdido que constituye y hace posible la simbolización de su mundo material. En los *Manuscritos Económico-Filosóficos* de 1844, Marx escribía: «el objeto que produce el trabajo, su producto, se enfrenta al trabajo como un ser ajeno, como una fuerza independiente del productor. El productor del trabajo es el trabajo que se ha fijado, que se ha materializado en un objeto, es la objetivación del trabajo. La realización del trabajo es su objetivación. Esta realización del trabajo aparece, a nivel de la economía política, como desrealización del trabajador; la objetivación, como pérdida del objeto y como sometimiento servil a él; la apropiación, como alienación, como enajenación» (Marx 2006: 106).

mismas preocupaciones. Se diría que la mayor parte de los viajes de América, no se desplazan para ver cosas nuevas, sino para encontrarse unos con otros, sobre un fondo distinto. Todo resbala sobre ese espíritu, hechos, paisajes y cosas. Los clanes subsisten, naturalmente y las divisiones de posición social apenas se liman y atenúan con la distancia, al estrecharse el círculo. Aristócratas improvisados, burgueses enriquecidos, explotadores de la política, se mezclan sin soldarse y se vigilan, acechándose para afilar flechas al regreso. (Lamar Schweyer 1937: 34)

Esta espiritualidad amorfa también la percibía con lucidez un intelectual de la época, Enrique Gay Calbó, quien equiparaba el *ethos* cubano con el instinto del avestruz, esa ave exótica que para esquivar los conflictos de la realidad material mete la cabeza bajo la tierra y se ve obligada a actuar sobre la improvisación[28]. En *Vendaval*, el hueco en la tierra es el mar. En efecto, los dos hilos narrativos de la novela son reductibles a una tropología del mar y la tierra. Por un lado, el mar es el espacio de desplazamiento de la burguesía sobre un mismo cielo: de París a Niza, de Nueva York a Miami, de La Habana a las costas de Brasil. El proceso de *desrealización* se confirma a partir de los múltiples desplazamientos, siempre como excedente de lo telúrico. Por otro lado, en la tierra colorada sudorosos campesinos conspiran en el cañaveral y entierran a sus muertos. Aunque la novela también trabaja con la tipología de la clase profesional

---

[28] En su curioso ensayo de 1938 «El cubano, avestruz del trópico», Enrique Gay Calbó hablaba de la crisis del nihilismo político a partir del síntoma del imprevisor: «Ese espectáculo sombrío hace pensar en que el remolachero se defiende, mientras en Cuba el productor se inhibe como un avestruz o crea monopolios como un imprevisor... Y así vivimos en un estado de mesianismo absurdo e imprevisor. Y nos arruinamos de modo inexplicable por conquistar a los que no han de tener más interés que nosotros mismos en salvarnos» (1938: 17-30).

(Gonzalo Maret es doctor y Óscar Arias es el contador de la *Goldenthal Sugar Company*), Lamar opta por representar esa clase como un grupo que al vivir en altamar se inscribe con desfase a su tiempo político. Así, *Vendaval* espacializa la clase aristocrática para hacerla confluir con la corporación azucarera: el propietario Goldenthal se pasea en su *yacht* sobre las costas de Brasil; el inversionista Ducker conversa desde su oficina en uno de los rascacielos del Financial District de Nueva York; Kenyon y McDonall actúan como burócratas de la compañía en la isla; Oscar Airas y Márquez se ocupan de dar órdenes en el cañaveral. Todo un montaje cubano de la planetarilización del dinero y la gerencia.

Los personajes de *Vendaval* se mueven como las piezas desengranadas, aunque cómplices, de la maquinación de la *Goldenthal Sugar Company*. Gonzalo Maret –quien ya ha vivido los mejores años de su vida y que se mide a través de sus conquistas amorosas– ve en el conflicto de la huelga una oportunidad para amortizar las viejas deudas de su vida inauténtica. De ahí que lo que Gonzalo Maret no consigue con Paulette, una dama francesa de la cual se enamora en Niza, lo intentará en su mediación entre Otero, un jornalero comunista y líder de la huelga general, y los representantes de la *Goldenthal*. Gonzalo Maret comparte con Otero el desprecio por las paradojas de la burguesía: «Yo no comprendo la burguesía altanera, como no entiendo la democracia, que es su producto más específico. Quiero un mundo, o lleno de jerarquías como la Iglesia o un régimen llano, igualitario. Venimos de lo uno y vamos a lo otro» (1938: 38).

El decoro eticista de Gonzalo Maret es similar al del dandy que experimenta su grandeza a partir del provecho que le va generando su decadencia. Es notable que la decisión de Gonzalo Maret de volver a Cuba a involucrarse en el conflicto no responda a una supuesta transformación de la conciencia. En realidad, su defensa es radicalmente chestertoniana, ya que una vez en la isla, atina a decir: «Usted sabe bien que soy socialista que es hoy día ser conservador. Pero hablaré con los comunistas y me parece que podremos llegar a un acuerdo, ¿y si buscáramos una línea media entre lo que piden y lo que se les puede dar?» (1937: 261). Gonzalo Maret defiende a los comunistas no porque sean comunistas, sino porque al defender a los comunistas en realidad está defendiendo el último resto de un patriotismo ligado a la tierra en manos de aquellos que ya han dejado de tenerla[29]. Ya lejos de los membretes positivistas que explicaba en *La crisis del patriotismo* (1929), Lamar Schweyer ponía en boca de Maret una defensa democrática del patriotismo articulada sobre la conservación de la tierra contra todos los procesos mentales de abstracción:

> La patria no es una *abstracción*, sino una realidad confortable y sólo son patriotas los pueblos bien instalados y los hombres que sienten la ventaja de la ciudadanía. De ahí que entre nosotros, generalmente, el sentimiento patriótico está circunscripto a la clase que gobierna porque –agregó poniendo dolo en el tono amargado de la voz– para el guajiro, ¿qué diablos es la Patria? Se le habla de ella y se le quiere exigir que la ame, pero esa patria, ¿qué es lo que da a cambio? Mala escuela para el hijo, mal camino a la carreta, y una ley implacable que exige sin retribuir. Si necesita dinero para refaccionar la cosecha de caña, de tabaco o de café, ha de ir a un Banco extranjero que, como no tiene por qué ser sentimental ni patriota, le cobra crecido interés. Si se enferma, necesita

---

[29] Maurizio Viroli escribe: «Patriotism makes citizens demanding toward their country and themselves. It urges them to find in the history of their country inspiration and reasons to strengthen a commitment to liberty. To retrieve them from oblivion is the task of the patriot of liberty and compassion» (1997: 164).

buscar un político amigo que lo recomiende al hospital vecino, en donde, cuando al fin consigue cama, no tiene medicinas, ni comida, ni nada. ¡Patriotismo, vaya una farsa! (1937: 246-247)

La cuestión fundamental para Lamar tenía que ver con la brecha abismal entre la *idealia* de la abstracción patriótica y la *realia* de las formas de desintegración social, brecha por la cual una nación tardía se mostraba incapaz de darle forma a las fuerzas materiales de la vida[30]. El historiador Julio César Guanche ha notado cómo Lamar interviene en los debates sobre la definición del contrato social en función de una idea de nación impolítica del pueblo[31]. Si algo queda claramente dibujado en *Vendaval en los cañaverales* no es que la explotación se organice en una contradicción central, sino más bien en cómo ahora la dominación aparecía como último horizonte de experiencia de lo social. Ya por aquellos años, Ernst Jünger escribía en

---

[30] Sobre la noción de nación tardía, véase Plessner 2017. El historiador Louis A. Pérez Jr. comentando este momento en *Vendaval* ha captado muy bien esa brecha, a un tiempo síntoma y realidad, que pone en evidencia la imposible unidad entre patria y pueblo en la nación tardía: «These conditions placed immense pressure on prevailing forms of nationality, for it was uncertain that the material requirements around which national identity developed could be easily sustained through sugar exports. The ensuing gap between the ideal and the reality all but guaranteed to periodically plunge into crisis many of the dominant paradigms on which nationality was based» (2012: 164).

[31] Dice Guanche, con lucidez, que «Alberto Lamar Schweyer, en uno de los libros más polémicos del período [*La crisis del patriotismo*], aseguró que era una "fuerza espiritual". Así entendida, debía ser "aquello que siendo en cada caso una forma de pensar individual, se repite en todos los ciudadanos constituyendo ese estado de ánimo colectivo, seguro de reaccionar siempre frente a determinados problemas, en una forma igual y precisa". Lamar confundía la cubanidad con el concepto, políticamente imposible, de *populus*: un espacio político integrado por toda la comunidad cívica sin conflictos que amenazasen esa inclusión universal» (2017: 252).

El trabajador: «La nueva problemática a la que el agricultor se ve sometido tiene para él, lo mismo que para el trabajador industrial, esta formulación: o ser un representante de la figura del trabajador o perecer» (2003: 78). Gonzalo Maret jamás mostraría interés por los trabajadores y eso sintomatizaba su fallo psíquico en el momento de su búsqueda de protagonismo. Por eso su sacrificio último abastece al nihilismo de una clase profesional que no ha entendido las nuevas dinámicas de la movilización fabril. Esto explica no sólo el hecho que Gonzalo Maret carezca de estrategia para generar un contrato social con los jornaleros en huelga, sino que ya se tome a sí mismo como un hombre derrotado. En otras palabras, Gonzalo Maret representaba existencialmente el alma bella hegeliana que en su acto de justicia en realidad sólo expurgaba viejos vicios y desequilibrios. El melodrama de la primera parte de *Vendaval* encubría esa fuerza pulsional de flaquezas espirituales que iban a tener un desenlace en el *performance* sacrificial. Lamar no indaga a fondo en la psicología de sus personajes, pero sí llega a explicitar el retorno de Gonzalo Maret a la isla:

> Pagaba pecados viejos. Para opacar remordimientos se sirvió más whiskey. Volvió a pensar la huelga y se le amargó la nostalgia. Empezaban los fracasos que en Niza presintió la mañana en que María no lo llamó por teléfono. Por vez primera el amor lo había conmovido y por vez primera una mujer lo había abandonado antes de darle el último gramo de ilusión puesto en ella. (1937: 282)

La participación activa de Gonzalo en la disputa entre campesinos y burócratas de la *Goldenthal Sugar Company* responde a esta fisura de un deseo fallido, y por lo tanto a una pulsión de muerte que sólo puede llevar al sacrificio vacío por la patria; la «crisis del patriotismo» se escenificaba en Gonzalo Maret, un ente que expresaba el fin de la heroicidad y de la trascendencia política como *pro patria mori*[32]. El momento de su inmolación sería incapaz de orientar un nuevo destino. Claro, sabemos que para Lamar sólo el poeta genialista portador del *ethos* latino podía llevar esa misión a cabo, pero nunca un médico como Gonzalo Maret, cuyo otoño vital le hacía perseguir los sinsabores de la lucha política.

El nihilismo patriótico, por lo tanto, no sólo se debía al paternalismo señorial del complejo industrial azucarero, sino que se cifraba en las mismas voluntades equívocas arrojadas a la aventura de *figurar* en un destino que no le era ajeno. En la política no hay intrigas, como tampoco hay medias tintas en un patriota indeciso. Lamar veía asomarse la crisis de lo nacional desde un horizonte sacrificial, donde la muerte ya no sintetizaba una forma redentora. Por eso la lección de *Vendaval* no es que ponga en evidencia los límites del mundo burgués de espalda a la tierra. La novela termina incidiendo en la manera en que ambas figuras de la modernización desigual cubana (el burgués mujeriego y el campesinado infeliz) se nutren de una misma catástrofe en una patria imposible. En otras palabras, si por un lado Gonzalo Maret termina acribillado por una bala de Oreste, esa muerte vendría a ser el equivalente de la muerte de un niño jornalero que Lamar Schweyer describe en unos capítulos anteriores para referir la comunidad campesina:

> *Democracia campesina*, en el velorio del niño olvidado en su caja blanca, se reunía el vecinaje, sin distinción de razas, ni de posición social. Junto a Manengue paria, Valeriano propietario de una pequeña finca, cuyas cañas en el central y con los macheteros, los mayorales de algunas colonias vecinas y los rurales galanteado-

---

[32] Sobre los usos del *pro patria mori*, véase Kantorowicz 1951.

res y Veguita, jornalero del batey. Por igual nivelan la muerte y la ignorancia. ¡Y Viñas, el hombre de la ciudad, sonando conmover aquellos espíritus opacos! (1937: 213)

El único destino posible sería ese: el de una democracia campesina que anuncia un futuro como funeral colectivo de espíritus opacos. *Vendaval en los cañaverales* invita a una lectura ya no en función de la heroicidad mesiánica, sino a partir de esa democracia más allá del tiempo histórico, privilegiado por las máquinas de la transculturación y sus historiografías compensatorias. Si en *La crisis del patriotismo* Lamar aún podía atizar una teoría nietzscheana en torno a la lucha, la misión del héroe, y a la conservación de un ideal espiritual común avalado por minorías hegemónicas[33] (cuyo impulso residía en el sentimiento patriótico que confiaba en la transformación activa de la Humanidad comtiana en una entidad que heredaba la dimensión teológica[34]), en *Vendaval* el ideal encuentra su destrucción

---

[33] En un momento clave de *Crisis del patriotismo*, Lamar subscribe de forma muy clara el patriotismo espiritual del referente maurriano: «Contenido espiritual, la Patria es noción personalísima, en la que influyen todos los factores que determinan la integración mental y moral del sujeto, desde las condiciones en la lucha por la existencia hasta el influjo del medio social y desde la capacidad afectiva hasta las presiones biológicas que sobre él ejercen la herencia y la educación» (1929: 110).

[34] El historiador Michael Sutton ha notado cómo el patriotismo de Maurras es una traducción del positivismo humanista de Comte: «For Comte's Humanity, therefore, was substituted some Gallic idea of Country – an idea whose force cannot be dissociated from its French word, *la patrie,* much of whose evocative quality, as Maurras indicated, relates in turn to its feminine gender and Latin origin: "The primary reality, more real than the individual and more real also than the world, is *la patrie,* the Country; and so it was that the Latin poet once wrote, when speaking of his own Country, *rerum pulcherrima Roma*". The religious dimension of Comte's notion of Humanity was thus transferred to *la patrie,* it being in Maurras' words "the holiest of

efectiva tanto del lado de burgués de Gonzalo Maret como en los campesinos explotados. Este fin de la alianza nacional y del contrato social al interior de la novela social cancela una mediación salvífica de la crisis y rompe el fondo alegórico de la síntesis histórica.

En *Crisis del patriotismo*, Lamar había escrito: «El patriotismo es el instinto de conservación de la colectividad». A partir de ahora, la apuesta por la revolución desde la movilización permanente sería la única salida desastrosa para esa nación tardía. El asesinato de Gonzalo Maret con una bala en el pecho desnarrativiza la producción simbólica de la historia, retrayendo toda noción de política a una *stasis revolucionaria* cuyo corazón mortífero y mesiánico no ha cesado de renovarse hasta nuestros días[35]. Cuando al final de la novela Gonzalo Maret cae ensangrentado ante la turba en armas, ya ha dejado atrás toda economía fundante de una legitimidad patriótica, así como todo *arjé* orientado hacia la trascendencia de un destino mediante el *logos*[36]. El cadáver de Gonzalo Maret, «enfangado, sucio de

---

things". Accordingly, defense of Country had literally a sacred character» (1982: 26-27). Sobre cómo el positivismo de Comte influenció las visiones dictatoriales tanto de la izquierda como de la derecha en cuanto a la conquista de la temporalidad, véase Groys 2018.

[35] Utilizo la noción de *desnarrativización* en el sentido empleado por Alberto Moreiras para apuntar no sólo a la fisura que arruina la posible alianza entre Gonzalo Maret y los campesinos, sino también como *fisura* en la economía misma del texto, ya que su asesinato viene de manos del deseo que acecha al propio Gonzalo Maret. Ese exceso de sentido sobre la economía textual más allá de todo fundamento político o alegórico es lo que llamamos aquí desnarrativización. Al respecto, véase Moreiras 2001. Sobre la relación temporal entre revolución y la estructuración mesiánica de la historia, véase Rodríguez Matos 2016.

[36] El agotamiento del sacrificio patriótico que pone en escena Gonzalo Maret sería la otra cara de la economía poética de *Muerte de Narciso* de Lezama, en la cual Rafael Rojas ha notado la insistencia de una imagen del

barro», como escribe Lamar, agujereaba el contrato social y nos dejaba tan sólo con un cuerpo *inmundo* como inscripción que ponía fin a la alianza en torno a un destino común.

IV. Un reaccionario mira a Rusia

La mirada del reaccionario se refina si la observamos desde el objeto que está siendo mirado. Para eso quizás no haya mejor lugar que el único relato que escribiese Lamar sobre Rusia, y que se desmarca de esa «dialéctica de la agitación» sobre la que ha discutido Rafael Rojas recientemente para catalogar las expectativas de letrados latinoamericanos sobre la experiencia de la Revolución de Octubre (2017). Fuera de sus dos novelas, Lamar sólo escribió el relato «La novia de Iván», que fue publicado en el número de diciembre de 1924 de la revista *Social*. Visto desde hoy quizás habría que llamarlo un microrrelato, dada su brevedad de apenas una cuartilla, ilustrado por el dibujante español José Peña. El relato condensa una idea: el nuevo socialismo es una ideología de la pobreza, un franciscanismo melancólico. En realidad, el cuento se desenvuelve a partir de dos personajes: «Iván que era revolucionario y difería de Olga. La novia del estudiante era conservadora. Todas las mujeres son un poco conservadoras y defensores del Capital». El relato encierra una pequeña alegoría de la mirada reaccionaria ante la

---

devenir nacional, a partir de la tropología de la inmanencia del agua como nueva metafísica patriótica. Escribe Rojas: «Dánae hilvana la textura del tiempo, mientras navega por el río. Así, el tapete o la alfombra no sólo brindan una inscripción profética del destino, sino que siguen un cauce, un curso, que se confunde con los meandros del Nilo. La imagen del devenir que puede leerse en este verso será una apunta permanente de la poética de Lezama. Una pauta que se traslada a la historia de Cuba y que inspira su afán por esbozar una *teleología insular*» (2008: 328).

Revolución rusa, que el narrador percibe como un evento catastrófico y abismal. No hay el más mínimo indicio de sacrificio revolucionario o redención futura. El lector sólo contempla una mirada fría atravesada por la agonía y la imposibilidad del amor verdadero. Esa mirada reaccionaria de Lamar Schweyer aparece en el argumento que el poeta Iván ofrece del socialismo: «La propiedad es un robo y la ganancia es un crimen. No, no sino que todos seamos pobres. Tú y yo. También el Czar. Y todos los hombres». En esa caricatura del socialismo encontramos la mímesis invertida del reaccionario.

Este argumento no es fiel a la ciencia comunista. Pero quizás no pretendía serlo. Está mucho más cerca de visiones políticas antimodernas, como las de León Bloy o Ezra Pound, quienes vieron con desprecio la mercantilización y el crédito como una alegoría diabólica de la usura. Iván es ícono de esa «pobreza irradiante» que Cintio Vitier luego elevaría a metamorfosis moral de la *altissima povertà* de los bienes comunes del mundo socialista[37]. Esta no sería la única publicación de temática rusa de Lamar Schweyer. Unos años antes, *Social* había publicado

---

[37] En la última etapa de su producción intelectual, el poeta Cintio Vitier definirá una «dignidad de la pobreza» en función de una ilustración simbólica del sentido común de lo cubano. Es importante pensar este desplazamiento hacia una «eticidad ontológica» no como renuncia de las previas raíces socialistas, sino como recrudecimiento arcaico que ahora apela al mito cristiano como substituto sacrificial de la mitología del hombre nuevo. Como le confiesa Vitier a Rolando Sánchez Mejías (1997): «Fina y yo sí buscábamos, intuitivamente, una «ontología de la pobreza», que en mi caso viene a desembocar novelescamente en *De Peña Pobre*, donde se explican todos los sentidos que confluyeron para nosotros en ese "sabor cristiano injertado en los sueños poéticos de nuestra juventud" [...] En cambio, la pobreza como austeridad y decoro, virtud fundadora de nuestros mejores hombres, tradicional "sensatez" de la familia media cubana, es un valor ético que debemos seguir oponiendo a la insensatez consumista convertido en "modelo" mundial por Norteamérica» (Sánchez Mejías 1997: 253).

su texto «El Conde Tolstói», a propósito del décimo primer aniversario de la muerte del autor de la *Guerra y la Paz*, y a quien Lamar Schweyer refiere como el profeta de la nueva Rusia roja. Para Lamar no eran Lenin, Mayakovski o Gorki los nuevos profetas de la fuerza de la «Rusia roja», sino Tolstói como un apóstol profano que, desde las nuevas doctrinas terrenales, inspiraba a una Rusia en camino a la revolución. Escribía Lamar en aquel artículo sobre Tolstói: «Rechazó los placeres que su dinero le brindaba, dejó la corte cuyas puertas tenía abiertas gracias a su título, y se fue lejos del bullicio, buscando la caricia del aire nevado, a predicar, a enseñar a los campesinos a preparar el avenimiento de Lenin como Rousseau había preparado en Ginebra el advenimiento de Robespierre» (1921b: 31).

Lamar enfatizaba el rechazo de Tolstói «por los placeres que brindara el dinero», y como el estudiante Iván, epitomiza la renuncia al placer por la prédica solidaria al campesinado. Tolstói simboliza una rúbrica moral de una sociedad de siervos cuya inquietud mistérica del alma obliga a someterse a la administración del *logos* y la *rhetoria*. Lenin y la vanguardia bolchevique no serían sino el sobrevenido político de este proceso espiritual: la exteriorización de un proceso invisible e inmanente. No se puede obviar la compatibilidad entre esta lectura y la del De Maistre de las glosas sobre Rusia. Ambas miradas registran las energías de una renuncia y sumisión de toda una comunidad sin destino propio, orientadas verticalmente por la *vox dei* soberana. La nueva Rusia, en ojos de Lamar Schweyer, expresaba la inevitable caída hacia el nihilismo a causa de la extravagante idea de crear una comunidad de iguales sobre las ruinas de la *auctoritas* romana y el viejo ideal corporativista. Por eso no sorprende que Lamar concluyera aquella nota tildando a Tolstói de «vidente». Esto es, Tolstói era un vidente de los misterios de la oscura alma rusa que, como efigie de la religiosidad popular, anunciaba una de las salidas antidemocráticas a la crisis política de la modernidad.

Lamar Schweyer fue un testigo existencial de la crisis de la autoridad política que arrancó en el siglo XIX y tuvo su momento de inflexión tras el triunfo de la revolución bolchevique. Esa crisis de la función simbólica de la religión en la modernidad, como apuntó el filósofo Jacob Taubes, sólo generó salidas dictatoriales en detrimento de la democracia (véase Taubes 1955). Por eso la respuesta de Lamar, nutrida desde la mirada a Rusia, generó un grotesco y esperable espejismo: a saber, la convicción de que la forma dictatorial personifica la defensa de la superioridad de una forma de Estado americano. El nihilismo elevó la estética a un momento cuyo acceso sólo podía ser descifrable por un artista espiritual como Tolstói, que podía entender la complejidad entre la forma invisible y la visible de un misterio que sólo podía ofrecer legitimidad a la desconfianza. El artista era, en una misma figura, el soberano y el vidente para tiempos atravesadas por el nihilismo. Pero el secreto inmanente de la poematicidad sólo ofrece el absolutismo de una historia arcaica. Como leyó Lamar en Nietzsche: «Si esa idea vivió en su mente no hay duda de que guardó estrecha relación con la obra de Goethe» (1923a: 90). No aparece en ningún otro lugar el mito del genio como en este momento, donde se anuncia la edad de Goethe como el emblema del genio diabólico (*im dämonischen das schöpferische*), que había sido exaltado por Kurt Hildebrandt y que cristalizaba las verdades creativas que sólo el poeta podía expresar y tornar esenciales. El poema era la *physis* sin diferencias que compensaba la crisis del humanismo[38]. El

---

[38] María Zambrano elabora en «La Cuba Secreta» una imagen perfecta del poema como depósito de la *physis*: «La primera manifestación del espíritu es "física", como quizás lo sea la última, cuando el espíritu desplegado en el

genio nos entregaba una imagen de la experiencia iluminada por la *physis* que, en cuanto historia natural, haría posible lo verosímil del mito participante en su presente. Pero esto también anunciaba, oblicuamente, el fracaso del poema, ya que, al transformar a la objetividad en misterio, se podía sublimar la explicación material de los fallos epistémicos de la historia. De esta manera, ya no se veían los fracasos. En este proceso de sublimación el poema crea nuevas formas de distanciamiento, pero también un nuevo vértigo. Aparecen nuevas miopías que validan un mito hiperreal.

Pero la crisis, en la mirada de un reaccionario de principio como Lamar, no era simplemente un falso ídolo. La estética del poema es la reforma sustituta del genio que habilita la transformación revolucionaria de cara al nihilismo. Es a partir de esta premisa que el mesianismo puede tomar vuelo en la imaginación concreta, puesto que la historia de los accidentes comienza a concebirse como el automatismo que organiza una historia sonámbula sin fisuras. Este productivismo metafísico hizo posible la formalización fideísta de ese nuevo tiempo mesiánico. Y a su vez, esta capacidad prometeica del genio volvió omnipresente una realidad atravesada por la contingencia, el síntoma, la indeterminación y las traiciones que rompen el sentido homogéneo del tiempo. El poema mistérico es la antesala del tiempo de la revolución. Es el mito como repetición del trauma.

La mirada de Lamar Schweyer recae sobre una Rusia que se abre paso ante una atorada modernidad y hace sonar la alarma sobre los dilemas de un pueblo en marcha al que hay que fre-

---

hombre vuelva rescatar la materia; ahora en la vida del planeta, se produce un raro vislumbre, cuando una tierra dormida despierta a la vida de la conciencia y del espíritu por la poesía y manifiesta así el esplendor de la *physis* sin diferencias» (1948: 4).

nar a toda costa. Por eso la instrumentalización del mito, el enchufe entre biología y metapolítica, positivismo y dictadura, encuentran un punto de concreción psíquica en el genio. La nueva realidad moderna de la crisis se anuncia en la dictadura del proletariado y el espectro de Tolstói, generando la contracara de un arcano reaccionario: una genialidad latina que afirma el conflicto en la materialidad misma de la guerra. Desde el plano subjetivo, el vitalismo inmanente sustenta el sentir de un humanismo de la nobleza y de las inteligencias superiores. Esta es la vena que recorre la apuesta técnica y científica del ensayo «Filosofía del porvenir», así como la postulación de la teoría de la dictadura en *Biología de la democracia*. La salida guiada por la *aesthesis* intuye un mundo entregado a la autorreferencialidad que tiene como fundamento el poema de la fuerza, que Nietzsche había profetizado desde el espíritu musical. Pero como supo ver Simone Weil (1965), el poema de la fuerza revelaba la vuelta a la peor de todas las políticas, a saber, la del *ius imperii* romano, que sólo concibe la estructuración de la comunidad humana a partir de la dominación personalista y despótica sobre las cosas. Estamos muy lejos de la democracia en el momento en que emerge un horizonte exclusivamente dominado por la voluntad de poder como supresión del *demos*. Como letrado antimoderno, Lamar Schweyer perteneció a lo que Carl Schmitt llamó la «época del genio», que consistió en rebelarse líricamente contra las patologías políticas concretas[39]. Este es el mundo de Hugo Ball en su contradictorio

---

[39] En su diario, *Glossarium*, Schmitt refiere la época del genio como el fondo trágico del genio alemán: «der Übergang vom optimistisch-ironisch-neutralisierenden Genialismus zum pessimistisch-aktiven-tragischen Genialismus. Es blieb aber im genialistichen Rahmen, ja vertiefte ihn noch in unendliche Tiefen. Hellingrath ist wichtiger als Stefan George und Rilke» (2015: 152).

desplazamiento intelectual que va desde el Dadá al estudio del cristianismo bizantino[40]. Ante la reacción desesperada y el terror interiorizado por la amenaza de un nuevo sol, se avalaba la fuerza soberana sobre un mundo incontenible. Un mundo de la técnica del cual ya se han retirado los dioses y donde sólo van quedando las arcaicas ruinas de un lejano imperio. Esta frágil mitología fue entonces suficiente para que el reaccionario pudiera descargar las energías contra lo nuevo.

V. El arcano latino

El objetivo de todo arcano es retardar el tiempo irreversible de la secularización moderna. Por eso la misión del reaccionario consistió en instalar concretamente un freno, como ha visto José Luis Villacañas, contra la hegemonía moderna de la Ilustración y de esta manera afirmar su posición de derrotado ante los nuevos tiempos. En *Ex captivate salus*, Carl Schmitt refiere a este arcano a partir de la figura de Alexis de Tocqueville, quien pudo vislumbrar el ascenso de los gigantes geopolíticos de su tiempo (Rusia y los Estados Unidos), pero cuya limitación fue no ofrecer un arcano intraepocal[41]. Es cierto que, como Schmitt, Lamar Schweyer comprende la razón dictatorial como la puesta en escena de una fuerza arcaica contra el despliegue de una democracia que es ajena a los fundamentos biológicos e identitarios de América. Pero arcano también es aquello que

---

[40] En efecto, Hugo Ball escribió el interesantísimo libro *Cristianismo Bizantino* (2016) luego de su conversión al catolicismo.
[41] Schmitt escribía: «Tocqueville no sabía de ningún *Katechon*. En su lugar, buscó hábiles componendas. Él mismo sentía la flaqueza de estas componendas, como sus adversarios, que se rieron de él por esta razón […] De esta manera la maliciosa frase puede servir para entrever el arcano de grandeza que eleva al vencido sobre todos los demás historiadores de su siglo» (2010: 41).

subyace en la forma política y que obviamente la define de forma sustancial. No hay equívocos que la figura de ese arcano en toda la obra de Lamar es el genio latino, cuya fuerza estaba en condiciones de autorrepresentar una forma distinta a lo que se percibía como la decadencia civilizacional de la cultura anglosajona, germana, y en menor medida del catolicismo español.

Aquí Lamar seguía las lecturas de época, como las del peruano García Calderón en *Las democracias latinas en América*[42], las de Charles Maurras en *Les forces latines* (1922), o las del historiador italiano Guglielmo Ferrero en *El Genio Latino y el mundo moderno* (1918) o *Défense de l'occident* (1927) de Henri Massis, y tomaba distancia de sociólogos decimonónicos como el argentino Agustín Álvarez[43]. El genio latino era en realidad una doble articulación. Por un lado, era una figura, en el sentido alemán técnico de una *Gestalt*, que buscaba dar forma a un ideal ante la decadencia de un momento histórico hegemonizado por la técnica y la configuración inter-estatal[44].

El genio latino era, por lo tanto, la figura arcaica que pertenecía al futuro una vez que se ha podido trascender el nihi-

---

[42] García Calderón: «la cultura latina –ideas y arte de Francia, leyes de roma, el catolicismo– originó en Sudamérica una forma de pensar análoga a los de los grandes pueblos mediterráneos, hostil a la civilización germánica o la sajona» (1987: 153).

[43] En *Manual de patología política* (1899), Álvarez definía a la herencia latina en un tipo social inferior y decadente: «El *latino* quiere ser alguien, aun cuando no sea más que miembro de una comparsa carnavalesca que le permita invertir los ahorros del año en un traje pintoresco para exhibirse de bicho raro en los días fantásticos. No trabaja para hacer un *home* en la tierra sino para conquistar un domicilio en la historia; un relámpago de gloria lo seduce, lo atrae y lo trastorna» (1899: 324).

[44] Sobre la apuesta de una «cultura latina» por parte de algunos intelectuales de entreguerras, véase Chappel 2018: 90-99. Véase también el ensayo de 1938 «Frente Latino», del liberal español Gregorio Marañón (1971).

lismo de la modernidad. Por esta razón, la figura del genio era necesariamente antidemocrática y propia de minorías espirituales, como queda claro en *La palabra de Zarathustra* (1923), en *Biología de la democracia* (1927), o en los ensayos tardíos de *Francia en la trinchera* (1940). En ocasiones, el genio latino convergía con la figura del poeta, cuyo vínculo con la genialidad romana y los cultos artísticos en afirmación de una nueva soberanía del reino ha sido ampliamente documentado (véase Kantorowicz 1961). En otras ocasiones, la figura del genio podía aparecer mediante la especificidad del héroe, cuyo apego por la patria y el sacrificio deviene como contraimagen del *confort* eticista propio del cosmos burgués. Como vemos en el ensayo que probablemente sea el último escrito por Lamar antes de su muerte, justamente titulado «El héroe» (1942), el soldado anónimo caído en el campo de batalla, mediante el sacrificio de su lucha, revela la esencia de la patria. Por eso es particularmente revelador que Lamar confirme en *La crisis del patriotismo* que el héroe por excelencia de América Latina es el mariscal paraguayo Solano López:

> El caso de Solano López es quizá, la ejemplaridad histórica más precisa de cuantas confirman la tesis que vengo exponiendo. Su obra de gobierno fue menos beneficiosa que la de su padre y su política mucho más agitada, más apasionada, más brusca y atormentada. A la luz de una sana valoración política, hay en su régimen considerables errores y actos que directamente lastiman a su pueblo. Es, sin embargo, el héroe, con todo su arrastre de irreflexión y de emotividad popular. La cualidad en él sobresaliente, el coraje, sus características psicológicas, la tenacidad y el valor, el sentido nacionalista de su gobierno. (1929: 54)

Mientras que Bolívar o Martí eran mentes racionales, carentes de ambiciones populares, la heroicidad de Solano López se alojaba en un saber intuitivo de las condiciones orgánicas de su pueblo, de las cuales él sólo era un sobrevenido. Aquí la dictadura se articulaba como el síntoma sacrificial que en nombre de una «leyenda histórica» hacía de la unidad del pueblo una metáfora absoluta. Un gesto similar vemos en el prólogo escrito al libro *Luperón: brida y espuela* (1940), del dominicano Virgilio Ferrer Gutiérrez, donde la grandeza heroica del panteón histórico afirma un hombre que desde el brillo de la guerra abría paso hacia la paz, obligando a afirmar la vida con la fórmula latina: *si vis pacem para bellum*. De manera que el genio latino no era sólo la figura goethiana del *genialismus* de vocación artística, sino algo más próximo al gran héroe carliano cuya misión sacrificial podía animar un nuevo recomienzo civilizatorio. El genio latino, en realidad, distingue su arcano en contraposición del germanismo. De ahí que haríamos bien en distinguir el genio latino de la figura del genio que nutrió los ideales orgánicos del desarrollo del fascismo alemán. El fascismo alemán, como ha mostrado Eric Michaud, encarnaba el ideal del genio como instrumentación técnica y movilización plebeya orientada por un *Führer* que reactivara el cuerpo místico a partir de un produccionismo biológico en su especificidad racial[45]. Sólo unos años antes, desde las páginas de *La Discusión,* Lamar coquetearía con el

---

[45] Dice Eric Michaud sobre la producción de genio y la obra de arte total en el fascismo: «The Roman origins of the concept of *genius* […] incorporated not only houses and monuments, and bridges and roads, but also clothing and social forms, forests, and stockbreeding, machines and the defense of the territory. For many decades, the people and the authorities had together fashioned the physiognomy of the country, giving it its unity. It was not a matter of a work of reason or logic, but of a spontaneous shaping (*Gestalten*) of reality in accordance with the Idea of the German *genius*» (2004: 112).

fascismo italiano de las «camisas negras» como posible ecuación política para la crisis de la escena nacional[46].

Guglielmo Ferrero, una de las fuentes intelectuales de Lamar, veía en Alemania «un ideal de poderío, convertido en religión nacional [...] en todas partes había penetrado, o intentado penetrar, el alemán, turbando la dulce tranquilidad de las situaciones adquiridas, introduciendo un espíritu nuevo de actividad, de novedad de competencia» (1937: 13). Mientras que el fascismo imponía con la movilización total de la técnica la producción de las fuerzas geniales de la comunidad impolítica del pueblo, el genio latino, en cambio, apostaba por la curia equilibrada y armoniosa que portaba en dimensión orgánica de la vida singular. En otras palabras, si el fascismo genera un movimiento que apela al pueblo y a las fuerzas vitales de los movimientos de masas, el genio latino veía en las minorías una sensibilidad desde la cual reaccionar a la aceleración destructiva del *ethos* moderno.

Pero, ¿por qué el genio tendría que ser latino? Aquí es necesario desarrollar la segunda determinación del arcano. Esto es, además de su genialidad, la figura latina era una espirituali-

---

[46] Bajo el titular «Con la Camiseta Negra», quizás en alusión al movimiento de Mussolini que había irrumpido en la famosa marcha sobre Roma en octubre de 1922, Lamar Schweyer escribiría en los meses de enero a mayo de 1923 en el periódico conservador *La Discusión* una serie de artículos a favor de una política dictatorial aristocrática. En el artículo de enero, por ejemplo, leemos: «¡Necesitamos un gigante! [...] necesitamos, más que un hombre de leyes, más que un diplomático, más que un hombre simpático, un hombre de acción, un hombre moderno, fundido al calor de la tendencia fascista» (*La Discusión* XXXV, enero de 1923: 1). En los artículos de *Francia en la trinchera* (1940) Lamar Schweyer toma distancia de los fascismos italiano y alemán, inclinándose, como veremos, hacia una posición más cerca al latinismo nacionalista del grupo *Action française* de Charles Maurras y Henri Massis. Sobre el nacionalismo helénico-latino de Maurras, véase Sutton 1982.

dad conforme a la herencia cultural mediterránea poseedora de principios de equilibrio, afección a la vida de los deleites y nutrida de una entelequia sensible, así como una fuerza de orden que era en su esencia ajena a la técnica y a las divisiones de la absolutización del mundo llevada a cabo por la revolución mental de la reforma impulsada por Lutero[47]. En su ensayo «Las fuerzas latinas» (1922), Charles Maurras dota al arcano como la restitución de un nuevo espacio geopolítico romano y latino:

> Los pueblos latinos son aquellos en donde triunfó el Renacimiento, en donde fracasó la Reforma. El Danubio y el Rhin se enorgullecen con numerosas poblaciones cálicas; pero Roma había colonizado intensamente estas regiones contra Lutero [...] En ningún sitio como en la Europa latina se han estrellado de manera más completa los errores de la democracia revolucionaria. (Maurras 1939: 26,29)

La fuerza latina, orientada en el principio romano espacial de unidad, tal y como había visto Carl Schmitt (2011b), no era sólo la pasividad de dar un paso atrás a la democracia, sino también todo principio de desorden, de anarquía y de individualismo liberal cuyo ascenso atentaba, en última instancia, contra la forma de comunidad de salvación mediterránea, el derecho romano y la *complexio oppositorum* invisible de la Iglesia.

En el momento en que el arcano latino emerge en Europa, se establece como la posibilidad de rearticular una geopolítica imperial que no ha desaparecido del todo hasta nuestros días. En efecto, hace tan sólo unos años atrás el filósofo italiano Giorgio Agamben recuperaba, a la luz de la crisis fiscal del euro, el ensayo programático «L'empire latin: esquisse d'une doctrine

---

[47] Véase al respecto el argumento desarrollado por José Luis Villacañas en la introducción de su *Imperio, reforma y Modernidad* (2017b).

de la politique française» (1945), programa para reconfiguración de un espacio económico del filósofo hegeliano Alexandre Kojève. En aquel memo redactado para el Presidente De Gaulle, Kojève sostenía que si Francia querría jugar un papel decisivo en la nueva reconfiguración política de los grandes espacios, hegemonizada por Estados Unidos y la Unión Soviética y el eventual ascenso de Alemania, la única oportunidad que tenía era construir un espacio imperial latino que uniera federalmente aquellos países que compartían un mismo *ethos* cultural (España, Francia y Italia), donde el catolicismo romano volvería a jugar un papel de *imperium*[48].

En la primera mitad del siglo xx el arcano latino, ya sea de la mano de Charles Maurras o Henri Massis, de Guglielmo Ferrero o Alexandre Kojève, articuló la última apuesta del reaccionario contramoderno, que se oponía con toda la fuerza posi-

---

[48] Kojève escribe: «a Latin Empire must be created. Only an Empire such as this would be at the political level of the two already existing Empires, for it alone could possibly sustain a war where its independence was at stake. And it is only by putting itself at the head of such an Empire that France could retain its political, and thus also cultural, specificity». La propuesta de Kojève no suponía un retroceso de la modernidad europea, sino lo contrario, puesto que el filósofo ruso insistía en una reforma de naturaleza económica a la par de esa configuración geopolítica latina, como puede comprobarse en el artículo tardío «Nécessité d'une révision systématique des principes fondamentaux du commerce actuel» (1964). Véase también, de Agamben, «Se un imperio Latino prendesse forma nel cuore d'Europa» (2013). El debate sobre la geopolítica latina ha continuado en intervenciones de Wolf Lepenies en su *Die Macht am Mittelmeer: Französische Träume von einem anderen Europa* (*El poder sobre el Mediterráneo: sueños franceses de una Europa diferente*, 2016), o incluso del político populista de izquierdas Jean-Luc Mélenchon que en su *El arenque de Bismarck* llega a escribir: «Nuestra mentalidad latina es un obstáculo para comprender esta voluntad de poder. Los franceses, los españoles, y los italianos, sobre todo, tienen una visión exalta de la política que junta el poder con la gloria» (2015: 97).

ble a clausurar el movimiento fracturado del tiempo profano, desde donde se autogeneraban las reformas y las revoluciones. Esto explica el epígrafe al comienzo de este prólogo. Cuando el gran historiador del arte Erwin Panofsky escribe que Galileo mimetizaba la armonía a partir del círculo, lo cual imposibilitaba la comprensión de la elipsis, en realidad está hablando de la mirada del reaccionario. Un arcano cuya mirada retardaba la revolución mental de su momento. El arcano latino se proponía, justamente, regresar al platonismo del círculo sin deformaciones en el espacio: equilibrio, orden, belleza, organicidad, grandeza racial, o la genialidad. El reaccionario no es, por lo tanto, una serie de principios ideológicos estipulados, sino más bien un tipo de mirada que destruye el *punctum* excéntrico y fallido desde el cual es posible pensar el *ius reformandi* al interior de las propias condiciones vitales de lo moderno. La mirada del reaccionario no admite fallas, y en cada instancia busca cerrar las brechas de la deformidad constitutiva del *ethos* moderno[49].

Si arcano es sinónimo de la figura paulina del *katechon* que frena el fin de los tiempos, reaccionario es aquel que desde una mirada sin un punto de fuga y carente de elipsis descarga una forma absoluta con el fin de trascender lo que, a su vista, aparece como el nihilismo del espíritu moderno de la democracia. El arcano de la mirada latina sólo conoce una forma orbicular, y por extensión del orden absoluto, que tiene como meta la regeneración de un tiempo futuro mitológico desde el cual se pudieran descargar las fuerzas contra lo nuevo.

---

[49] Véase el maravilloso *The Breaking of the Circle*, que aborda la representación de lo disforme en la poesía de los metafísicos ingleses después de la revolución kepleriana. En este estudio, como en Panofsky, queda muy claro que lo informe es propio de la sensibilidad moderna: una época definitiva sin fundamentos (Hope Nicolson 1960: 2-20).

Es notable cómo Lamar, en el prólogo a *Francia en la trinchera*, escribía de la misión francesa en la guerra: «Una vez más, la gran nación latina va a la lucha para salvar principios de su seno nacidos y por ella dados a la latinidad y, espiritualmente, en esta hora incierta, forman fila a su lado aquellos que son capaces de comprender el valor de lo dado por Francia [...] matriz de lo nuestro» (1940: 8-9). Massimo Cacciari recomendaba no olvidar que *imperium* era la traducción de la *hegemonía* griega (*hēgeisthai*), cuyo soporte espiritual reaparecía en el arcano latino como figura de culto y metáfora absoluta contra todas las fuerzas enemigas de la modernidad política[50]. La mirada de Lamar Schweyer portaba sobre el destino de América y de Europa una *aisthesis* latina que dotaba de valor, en un movimiento compensatorio, la inferioridad ante el nuevo espacio geopolítico moderno y el déficit democrático al cual era obligatorio dejar atrás. El viejo mito imperial romano se transmutaba así en la figura del genio que buscaba refugio en mitologemas absolutos que abrieran una fuga del presente. Este sería el combate espiritual de Lamar Schweyer, cuyo testimonio queda como otro capítulo de la resistencia contra la democracia, pero también como brillo arcaico de esas fuerzas que intentaron frenar la inevitable autoafirmación de lo moderno en lo humano.

---

[50] García Calderón escribía en *Las democracias latinas*: «La defensa del espíritu latino es su deber primordial [...] las repúblicas del ultramar que progresan bajo las miradas hostiles e indiferentes bajo la mirada de los bárbaros deben cultivar su originalidad espiritual en contra de las fuerzas enemigas» (1987: 157). Sobre hegemonía e imperio, véase Cacciari 2016: 113.

BIBLIOGRAFÍA

AGAMBEN, Giorgio (2013): «Se un impero latino prendesse forma nel cuore d'Europa». En *La Republica*, 15 de marzo: <http://ricerca. repubblica.it/repubblica/archivio/repubblica/2013/03/15/se-un-impero-latino-prendesse-forma-nel.html>.
— (2014): *L'uso dei corpi*. Rome: Neri Pozza.
ÁLVAREZ, Agustín (1899): *Manual de patología política*. Buenos Aires: Peuser.
BENJAMIN, Walter (2001): «Teorías del fascismo alemán». En *Para una crítica de la violencia y otros ensayos*. Madrid: Taurus, 47-58.
BOLAÑO, Roberto (2012): *La literatura nazi en América*. Barcelona: Anagrama.
BULL, Malcolm (2011): *Anti-Nietzsche*. London: Verso.
CACCIARI, Massimo (2016): *Europe and Empire: on the political forms of globalization*. New York: Fordham University Press.
CAIRO BALLESTER, Ana (1979): *El Grupo Minorista y su tiempo*. La Habana: Editorial de Ciencias Sociales.
CAMPIONI, Giuliano (2004): *Nietzsche y el espíritu latino*. Buenos Aires: El Cuenco de Plata.
CARPENTIER, Alejo (1991): *Obras Completas, Vol. 14. Conferencias*. Mexico D.F: Siglo XXI.
CHAPPEL, James (2018): *Catholic Modern. The Challenge of Totalitarianism and the Remaking of the Church*. Cambridge: Harvard University Press.
CHACÓN Y CALVO, José María (1943): «Lamar Schweyer». En *Revista Cubana*, marzo: 133-134.
CHESTERTON, G. K. (1986): *The Man Who Was Thursday: A Nightmare*. London: Penguin Books.
CLARK, T. J. (2001): *Farewell to an idea: episodes from the history of Modernism*. New Haven: Yale University Press.
ESCOBAR GUIC, Dina & GÓMEZ, Jorge Ivulic (1987): «Los artículos de Rafael Maluenda, a propósito del origen de la *Fronda Aristocrática*». En *Dimensión Histórica de Chile* 4-5: 245-290.

FERRER GUTIÉRREZ, Virgilio (1938): «Lamar Schweyer en París». En *Itinerario: temas americanos*. La Habana: Carasa, 82-95
FERRERO, Guglielmo (1937): *El genio latino y el mundo moderno*. Santiago de Chile: Mundo Nuevo.
GARCÍA CALDERÓN, Francisco (1987): *Las democracias latinas de América*. Caracas: Biblioteca Ayacucho.
GAY CALBÓ, Enrique (1938): *El Cubano, Avestruz del Trópico: tentativa exegética de la imprevisión tradicional cubana*. La Habana: Publicaciones de la Universidad de La Habana.
GROYS, Boris (2018): «Geneology of Humanism». En *e-flux*, febrero: <http://www.e-flux.com/journal/88/175803/genealogy-of-humanity/>.
GUANCHE, Julio César (2017): «Populismo, ciudadanía, nacionalismo: la cultura política republicana en Cuba hacia 1940». En <https://www.academia.edu/35043489/Populismo_ciudadan%C3%ADa_y_nacionalismo._La_cultura_pol%C3%ADtica_republicana_en_Cuba_hacia_1940_Tesis_Doctoral_Julio_Cesar_Guanche>.
HERNÁNDEZ BUSTO, Ernesto (2004): *Perfiles derechos: fisiognomías del escritor reaccionario*. Barcelona: Península.
HERNÁNDEZ SALVÁN, Marta (2015): *Minima Cuba: Heretical Poetics and Power in Post-Soviet Cuba*. New York: State University of New York.
HOPE NICOLSON, Marjorie (1960): *The Breaking of the Circle: Studies in the effect of the «New Science» upon seventeenth-century poetry*. New York: Columbia University Press.
ICHIKAWA, Emilio (2002): *La heroicidad revolucionaria*. Washington: Center for a Free Cuba.
JESI, Furio (1989): *Culturas de derecha*. Barcelona: Muchnik.
JÜNGER, Ernst (2003): *El trabajador: dominio y figura*. Barcelona: Tusquets.
KANTOROWICZ, Ernst H. (1951): «Pro Patria Mori in Medieval Political Thought». En *The American Historical Review* 56 (3): 472-492.
— (1961): «The Sovereignty of the Artist: A Note on Legal Maxims and Renaissance Theories of Art». En Meiss, Millard (ed.): *Essays in honor of Erwin Panofsky*. New York: New York University Press.

KOJÈVE, Alexandre (1964): «Nécessité d'une révision systématique des principes fondamentaux du commerce actuel». En *Développement et civilisations* 19: 44.

— (1990): «L' Empire Latin. Esquisse d'une doctrine de la politique française (27 August 1945)». En *La Regle du Jeu* 1: 89-123.

LABRADOR RUIZ, Enrique (1988): «Lamar Schweyer». En *El pan de los muertos*. Miami: Universal.

LAMAR SCHWEYER, Alberto (1921a): «Los fundamentos lógicos del futurismo». En *El Fígaro*, octubre: 480.

— (1921b): «El Conde Tolstoi». En *Social* 12: 31.

— (1922): «La palabra futura». En *Las rutas paralelas*. La Habana: El Fígaro, 67-82.

— (1923a): *La palabra de Zarathustra. Federico Nietzsche y su influencia en el espíritu latino*. La Habana: El Fígaro.

— (1923b): «La filosofía del porvenir». En *Claridad* 111: 100-103.

— (1924): «La novia de Iván». En *Social*, diciembre: 38.

— (1925): «Notas del director literario». En *Social*, junio: 7.

— (1926): «El error de la democracia». En *Revista Cervantes*, febrero: 8-10.

— (1927): *Biología de la democracia: ensayo de sociología americana*. La Habana: Minerva.

— (1929): *La crisis del patriotismo: una teoría de las inmigraciones*. La Habana: Editorial Martí.

— (1935): «Introducción». En *Memorias de doña Eulalia de Borbón, infanta de España (1864-1931)*. Barcelona: Editorial Juventud.

— (1937): *Vendaval en los cañaverales*. La Habana: Tipografía La Universal.

— (1940): *Francia en la trinchera*. La Habana: Cárdenas.

— (1940): «Prólogo». En Ferrer Gutiérrez, Virgilio: *Luperón: brida y espuela*. La Habana: Carasa, 11-14

— (1942): «El héroe». En *Ariel*, noviembre: 3084-3085.

LAX, Judith (1961): «Intrigue and Imperialism: *Vendaval en los cañaverales*». En *Themes and Techniques in the socially oriented Cuban novel 1933-1952*. Tesis doctoral, Syracuse University, 53-66.

LEPENIES, Wolf (2013): «Zeit für ein lateinisches Reich». En *Welt*: <https://www.welt.de/print/die_welt/kultur/article115948422/Zeit-fuer-ein-lateinisches-Reich.html>.
LÓPEZ ALÓS, Javier (2011): *Entre el trono y el escaño. El pensamiento reaccionario español frente a la revolución liberal (1808-1923)*. Madrid: Congreso de los Diputados.
MARIÁTEGUI, José Carlos (1988): *Defensa del marxismo*. Lima: Amauta.
MAURRAS, Charles (1939): «Las fuerzas latinas». En *El fin del imperio español en América*. Barcelona: Araluce.
MARAÑÓN, Gregorio (1971): «Frente Latino». En *Obras Completas Tomo II*. Madrid: Espasa-Calpe, 357-359.
MARX, Karl (2006): *Manuscritos Económico-Filosóficos de 1844*. Buenos Aires: Colihue.
MEANEY, Thomas (2017): «Fancies and Fears of a Latin Europe». En *New Left Review* 107: 117-129.
MELENCHON, Jean-Luc (2015): *El arenque de Bismarck*. Madrid: El Viejo Topo.
MELON, A (1982): *Les Annees Trente A Cuba*. Paris: L'Harmattan.
MICHAUD, Eric (2004): *The Cult of Art in Nazi Germany*. Standford: Standford University Press.
MOREIRAS, Alberto (2001): *The Exhaustion of Difference. The Politics of Latin American Cultural Studies*. Durham: Duke University Press.
MORENO FRAGINALS, Manuel (1999): «Plantaciones en el Caribe: el caso Cuba-Puerto Rico-Santo Domingo (1860-1940)». En *La historia como arma y otros estudios sobre esclavos, ingenios y plantaciones*. Barcelona: Crítica, 59-82.
NÚÑEZ VEGA, Jorge (2002a): «La fuga de Ariel: crisis republicana y síndrome autocrático en Cuba». En *Encuentro de la cultura cubana* 24: 53-67.
— (2002b): «La república ambigua: soberanía, caudillismo y ciudadanía en la construcción de la república cubana». En *Working Papers* 204: 1-23.
ORESTES FERRARA (1932): *Las enseñanzas de una revolución*. La Habana: P. Fernández.

Osorio Tejada, Nelson (ed.) (1988): *Manifiestos, proclamas, y polémicas de la vanguardia literaria hispanoamericana*. Caracas: Biblioteca Ayacucho.

Panofsky, Erwin (1956): «Galileo as a Critic of the Arts: Aesthetic Attitude and Scientific Thought». En *Isis* 47 (1): 3-15.

Papini, Giovanni (1933): «Federico Nietzsche». En *El crepúsculo de los filósofos*. Santiago de Chile: Osiris, 130-151.

Pérez Alonso, Airenys (2013): «La concepción del hombre y la sociedad en las filosofías de Alberto Lamar Schweyer y Fernando Lles». En Valqui Cachi & Rojas Gómez & Bazán Zuritas (eds.): *El pensamiento critico de nuestra America y los desafíos del siglo XXI. Tomo III*. Guerrero: Universidad Autónoma de Guerrero, 232-245.

Pérez Jr., Louis (2012): *On Becoming Cuban: Identity, Nationality, and Culture*. Chapel Hill: UNC University Press.

Perloff, Marjorie (1986): *The Futurist Moment: Avant-Garde, Avant Guerre, and the Language of Rupture*. Chicago: University of Chicago Press.

Plessner, Helmuth (2017): *La nación tardía: Sobre la seducción política del espíritu burgués (1935-1959)*. Madrid: Biblioteca Nueva.

Pogolotti, Marcelo (1958): *La república a través de sus escritores*. La Habana: Lex.

Portuondo, José Antonio (1965): «Mella y los intelectuales». En *Crítica de la época*. La Habana: Universidad Central de Las Villas, 84-115.

Ramoneda, Josep (1999): «El Imperio Disolvente: A propósito de L'Empire Latin de Alexandre Kojève». En Nuez, Iván de la (ed.): *Paisajes después del Muro: disidencias en el poscomunismo, diez años después de la caída del Muro de Berlín*. Barcelona: Península, 242-251.

Rodríguez Matos, Jaime (2016): *Writing of the Formless. José Lezama Lima and the End of Time*. New York: Fordham University Press.

Rojas, Rafael (2004): «Tres Sabios Olvidados». En *Cubaencuentro*: <http://arch1.cubaencuentro.com/cultura/20041001/7103cadb5 6f501d2bdfe5411ca6f1178/1.html>.

— (2008): *Motivos de Anteo. Patria y nación en la historia intelectual de Cuba*. Madrid: Colibrí.
— (2016): «Bolaño y la literatura nazi en Cuba». En Libros del crepúsculo: <http://www.librosdelcrepusculo.net/2016/08/bolano-y-la-literatura-nazi-en-cuba.html>.
— (2017): «Dialéctica de la agitación». En *Letras Libres* 226: 34-37.
Rojas Gómez, Miguel & Pérez Linares, Ramón (1988): «La filosofía nietzscheana de Alberto Lamar Schweyer». En *Islas* 91: 45-55
Sánchez Mejías, Rolando (1997): «Respuestas y silencios». En Vitier, Cintio: *Obras Completas 1: Poética*. La Habana: Letras Cubanas, 249-272.
Schmitt, Carl (1988): *The Crisis f Parliamentary Democracy*. Cambridge: MIT Press.
— (2010): *Ex captivate salus: experiencias de la época 1945-1947*. Madrid: Trotta.
— (2011a): «Ética de estado y estado pluralista». En *Logos. Anales del Seminario de metafísica* 44, 21-34.
— (2011b): *Catolicismo romano y forma política*. Madrid: Tecnos.
— (2013): *Ensayos sobre la dictadura, 1916-1932*. Madrid: Tecnos.
— (2015): *Glossarium. Aufzeichnungen aus den Jahren 1947 bis 1958*. Berlin: Duncker & Humblot.
Struve, Walter (1973): *Elites Against Democracy: Leadership Ideals in Bourgeois Political Thought in Germany, 1890-1933*. New Jersey: Princeton University Press.
Sutton, Michael (1982): *Nationalism, Positivism, and Catholicism: The Politics of Charles Maurras and French Catholics 1890-1914*. London: Cambridge University Press.
Taubes, Jacob (1955): «On the symbolic order of modern democracy». En *Confluence: An International Forum* 4 (1): 57-71.
Triana, Rodrigo de (1928): «De la dictadura al agrarismo: una ampliación a Lamar Schweyer». En *Cervantes: Revista Bibliografía Mensual Ilustrada* 1: 27
Varona, Enrique José (1924): «¿Zarathustra resucita?». En *Repertorio Americano* VIII (1): 11.

VILLACAÑAS, José Luis (2004): «Ortodoxia católica y derecho histórico en el origen del pensamiento reaccionario español». En *Res publica* 13-14: 41-54.
— (2017a): *La inteligencia hispana: 1. El cosmos fallido de los godos*. Madrid: Escolar y Mayo.
— (2017b): *Imperio, Reforma y Modernidad. La Revolución Intelectual de Lutero*. Madrid: Guillermo Escolar.
VIROLI, Maurizio (1997): *For Love of Country: An Essay On Patriotism and Nationalism*. London: Oxford University Press.
WEIL, Simone (1965): «The Iliad, or the Poem of Force». En *Chicago review* 18 (2): 5-30.
ZAMBRANO, María (1948): «La Cuba secreta». En *Orígenes* V (20): 3-9.
ZAVALA, José María (2008): *La Infanta republicana: Eulalia de Borbón, la oveja negra de la dinastía*. Madrid: Plaza & Janés.

GERARDO MUÑOZ es doctorando de la Universidad de Princeton. Investiga sobre la relación entre pensamiento político y las formas culturales de la imaginación en América Latina y España. Es Profesor Adjunto en Lehigh University y miembro del colectivo académico Deconstrucción-Infrapolítica.

Poéticas

La evolución modernista [1921]

El romanticismo había muerto; escuela en que la fantasía se sobreponía a la realidad, había llevado en sí misma el germen de su muerte. Volaron los románticos tan por las nubes que perdieron de vista el suelo, y fue necesario volver a tierra. El romanticismo fue un ensueño de fantástico idealismo, como una borrachera del espíritu rebelde contra lo clásico. Fue la explosión del lirismo sentimental y panteísta, una expansión de nuestra sensibilidad en el amor, en la esperanza, en el dolor y en la melancolía. Salliére, en su obra *Le romantisme des realistes*, considera el romanticismo como un «imperialismo espiritual, y al romántico como un «místico contemporáneo».

Mientras tuvo de su parte poetas discretos y de verdadero genio, pudo mantener su superioridad, pero la extravagancia de muchos románticos, que llegó a tomar caracteres de degeneración, fueron golpes mortales y el romanticismo pasó al olvido.

Todas las escuelas o tendencias literarias que han existido han tenido a su muerte inmediata sucesión, generalmente de orientación bien opuesta, y esa nueva escuela que surgió a la muerte del romanticismo fue el naturalismo, que, más avanzado, luego se llamó realismo.

La tendencia que encabezaron Zola, Daudet y Goncourt era diametralmente opuesta a la anterior, es decir, el naturalismo fue la realidad como el romanticismo había sido el ensueño. El natural agotamiento y hastío que en su final trajo el romanticismo fue el punto de apoyo más eficaz que tuvo la nueva escuela para triunfar rápidamente. El romanticismo había sido la escuela de las grandes pinceladas, de los trazos confusos; el naturalismo, por el contrario, según lo define Remy de Gourmont, fue «el amor a los detalles, no por ellos mismos, sino porque dan a la obra literaria la vida y la exactitud».

Zola, al publicar su obra *L'Assomoir* (1877), había triunfado, y con él la tendencia que iniciaba. Surgieron entonces los continuadores del maestro, los corifeos del naturalismo: J.-K. Huysmans, Maupassant, Hannique, Coard, y Alexis. Mas el naturalismo triunfante al principio, como la tendencia anterior, pasó los límites primitivos, y la novela se convirtió en una exposición de detalles, basada en que los naturalistas pensaban que la vida se reduce a un conjunto de pequeños detalles. Con lo que podría llamarse el fracaso del naturalismo sufrió la literatura francesa una desorientación propia del rápido cambio que en pocos años había tenido. Fracasado el romanticismo, a punto de fracasar también el realismo, los escritores franceses de fines del siglo, los poetas principalmente, volvieron la vista a los clásicos de antaño, coincidiendo todo ello con la llegada de un gran poeta africano, Leconte de L'Isle, que venía de su tierra ardorosa, joven, audaz y fuerte por su genio, dispuesto a continuar la obra de «El abuelo Hugo». Al propio tiempo llegaba de Grecia, con una gran cultura de los clásicos helenos, Jean Morcas, que surgía convencido de su valer y de su genio, dispuesto a imponer en la tierra de Teodoro de Banville una nueva orientación esta vez definitiva. Fue entonces cuando surgió el modernismo.

El Modernismo

Esta tendencia no es como muchos creen una escuela; será si se quiere una orientación, una reunión de escuelas distintas, un ejército de poetas, un gran río a cuyo cauce van a morir las aguas de muchos ríos pequeños, que, al reunirse, adquieren una denominación común.

El modernismo es la reunión del decadentismo, el simbolismo, el parnasianismo y la escuela romana. Escuelas que teniendo bases y orientaciones distintas, tienen un mismo fin en el campo literario: la libertad en la idea y la expresión.

Los parnasianos fueron simplemente una derivación directa del romanticismo de Víctor Hugo, iniciados en el nuevo arte por Leconte de L'Isle, y que tuvo como principales sostenedores una pléyade de grandes poetas jóvenes, entre los cuales se encontraban los primeros cantores de Francia en esta época: Paul Verlaine, que con el seudónimo de «Lelian», escribió lindos y cincelados versos parnasianos; Mallarmé, Mendes, el Conde Villiers de L'Isle-Adam, Coppce, Dierx, y el cubano J. M. Heredia.

El decadentismo, palabra que hoy muchos emplean como sinónimo de fatuo o sin sentido, fue una escuela opuesta a la anterior, a cuyos componentes llamó el crítico Paul Baurde «hijos de Baudelaire», por ser continuadores de la obra y la forma del poeta de *Las flores del mal*. Fue su iniciador un gran poeta griego, un poeta olímpico, desdeñoso, altivo, el gran Jean Morcas, al cual siguieron Taslhade, Vignier, Morice y Adam. Producto de esta escuela fue más tarde el simbolismo, y después de la publicación de *Eriphile*, de Moreas, la escuela romana.

Como en veces anteriores, siguiendo esa ley natural que parece regir la vida de todas las escuelas, la orientación modernista tuvo en su seno poetas mediocres que, por el ansia de originalidad, trataron de fundar nuevas escuelas, originando con ello una nueva desorientación.

René Ghil, con sus tentativas de instrumentación lírica y su teoría sobre el color de los sonidos, fue el fundador de una nueva escuela que, por suerte, encontró pocos adeptos; lo imitó después Gustavo Khan, pretendiendo una poesía basada en el valor tonal de los sonidos, y un poco más tarde Jones proclamó en Inglaterra las ventajas del prerrafaelismo, que alcanzó alguna popularidad gracias a la defensa que de él hizo un gran crítico inglés, Ruskin. Surgieron más tarde los estetas dirigidos por un gran poeta inglés, el triste y desgraciado Oscar Wilde, los ibsenistas imitadores del genio escandinavo que allá en su Noruega natal ignoraba seguramente la influencia que en la literatura latina ejercía su vasta obra.

Un gran escritor francés de esa época, Henry Bordeaux, ha tratado a fondo este período de las letras francesas a fines del siglo pasado, en un libro valioso –*Les Ecrivains et les Moeurs*–; en la parte de esta obra que dedica al poeta Samain, estudia imparcialmente y con extenso conocimiento el desconcierto que reinó en Francia con motivo de las exageraciones modernistas.

En este estado de cosas, cuando una desorientación general reinaba de nuevo en Francia, en la pequeña Nicaragua surgió un gran poeta que años más tarde había de transmutar todos los valores de la lírica contemporánea, que seguía todavía los rumbos románticos del Duque de Rivas. Este poeta era Rubén Darío.

En América, por esa época, con motivo del poco intercambio intelectual que existía con el viejo continente, la literatura francesa del período modernista era casi desconocida; en Guatemala, Enrique Gómez Carrillo dio a conocer el nombre glorioso de Teophile Gautier, y Rubén Darío dio a conocer en Chile, Nicaragua y la Argentina el genio poético de Verlaine.

En el año de 1886 se publicó en Chile un pequeño libro de versos y prosa; era un tomo pequeño por el número de páginas, pero de un alcance mayor del que se podía esperar. Este libro tena un título extraño, que posteriormente ha sido combatido, *Azul* –repito que era pequeño, pero como un átomo de gran fuerza expansiva rompió todos los moldes académicos, haciendo que en América una poesía más brillante, más sonora y más elegante que la predominante hasta entonces, surgiera invadiendo toda la literatura castellana.

Rubén Darío no fue, en el fondo, un original; no creó nada si se analiza el origen de su obra; simplemente imitó en español la forma fácil de Morcas. De esa imitación son producto directo los cuentos de *Azul* y más tarde las poesías de este mismo libro. Para muchos amantes de las formas clásicas el modernismo fue, en sus principios, un renacimiento de la escuela que D. Luis de Góngora fundara dos siglos antes —el culteranismo, nombre con que la designó el humanista Bartolomé Jiménez Patón. Aunque si se estudian detenidamente, no ofrecen grandes analogías.

Con la publicación de *Azul* el modernismo triunfó en América. La lengua de Castilla, como en veces anteriores, modificaba sus rutas bajo la influencia francesa, y seguía los nuevos derroteros que marcaba la corriente modernista que llegaba de Francia.

El Modernismo en América

El modernismo triunfó en América dirigido por cuatro grandes poetas: Rubén Darío, Gutiérrez Nájera, José Martí y Julián del Casal.

Si bien la orientación definitiva se inició después de 1888, es necesario advertir que ya anteriormente se notaba cierta inclinación hacia nuevas formas. El primero en iniciarla fue Manuel Gutiérrez Nájera, que en México, con el pseudónimo de «Duque Job», escribió los primeros versos modernistas, sin lograr un triunfo definitivo. José Martí, mucho antes que Rubén Darío, había dado a su prosa y a muchos de sus versos la misma forma que el poeta nicaragüense, y Casal, siguiendo a Verlaine, por quien sentía viva admiración, había escrito, al mismo tiempo que Gutiérrez Nájera, versos decadentistas.

Si en Francia, tierra en que había nacido, el modernismo triunfó desde un principio, su triunfo en America fue más rápido que en el viejo país de Villon. En ninguna época, anterior ni posterior, se ha visto en América un florecimiento literario más grande que en la década de 1890 a 1900. Una legión de poetas jóvenes, cautivada por la elegancia de aquella poesía nueva, seguía firme y decidida los nuevos rumbos, y mientras José Martí, errante por el continente, decía lindos versos de amor y de patria, y Julián del Casal, enfermo y triste, «hecho un panal de dolor», según la frase de Darío, rimaba en Cuba sus estrofas decadentes, allá en el Uruguay Julio Herrera y Reissig, doliente y morfinómano, como si la vida pesara sobre él más que el mundo sobre las espaldas de Atlas, implantaba en su patria el modernismo con la elegancia de su estilo. En la Argentina toda la generación respondía, figurando entre ella poetas brillantes como Leopoldo Lugones, Carlos Alberto Becú, Diego Fernández Espiro, Alberto Chiraldo, Leopoldo Díaz y Ángel de Estrada. En Bolivia un gran poeta joven, Ricardo Jamies Freyre, seguía las huellas de Darío, mientras en México Salvador Díaz Mirón transformaba los acordes de su antigua lira romántica para seguir las formas de su compatriota Gutiérrez Nájera, y comenzaban a rimar sus estrofas musicales y suaves Amado Nervo, Luis Urbina y José Manuel Tablada. José Santos Chocano, en el Perú, labraba los líricos joyeles de *Alma América*, en tanto que en Colombia un gran poeta, triste como pocos, y doliente cual ninguno, José Asunción Silva, decía los acordes chopinianos de sus *Nocturnos*. En Venezuela un discípulo de José Martí, Gonzalo Picón Febres, dirigía el movimiento modernista de los nuevos portaliras.

En los últimos años del siglo, el modernismo triunfó en América. Los viejos y gastados moldes académicos y las usadas formas románticas pasaron al olvido y una nueva poesía, más brillante, más sonora, más suave, más acariciante y más dúctil, sustituyó a la vieja forma de Andrés Bello y Heredia.

El movimiento literario que en Cuba había iniciado Casal sufrió en 1893 una gran pérdida con la muerte de este poeta, pero ya su triunfo estaba decretado; varios poetas jóvenes seguían las huellas del cantor de *Nieve*, y Carlos Pío y Federico Urhbach, Manuel S. Pichardo, Enrique Hernández Miyares, y otros, mantenían por entonces alta la flamante bandera que años antes levantara en Santiago de Chile el genio de Rubén Darío.

Las nuevas formas

No hace mucho tiempo, como oposición al individualismo, despertóse, principalmente en Francia, lo que más tarde se ha llamado «el arte social». Max Nordau llamó al arte decadente «egoísta», alegando que daba únicamente impresiones personales. Fue entonces, a raíz de esto, cuando en la mente de Marinetti nació el futurismo. Era una escuela que tendía a la generalización. Indudablemente el poeta italiano exageró algo al pretender que la poesía expresara no los sentimientos personales, sino las ideas de cada clase social. Así el obrero, el soldado, el artista, al figurar en un poema debía dar las aspiraciones, las ideas y los sentimientos de toda su clase. Esta fue la base de la poesía «social». De este modo lo exótico, lo raro y lo personal fue sustituido gradualmente por lo corriente, lo vulgar y lo universal. En este cambio ha resultado que aquel pesimismo antaño tan corriente se trocó en un sano optimismo, fecundo en ideas puras y elevadas.

Marinetti publicó a principios del siglo un manifiesto en el cual explicaba las bases de su nueva escuela: el futurimo, poesía que él pretende es del movimiento, que no canta el alma oculta de las cosas, sino el movimiento de la vida. Más tarde y en diversos países han surgido escuelas como el Inteneionismo, Pentapolismo, Novencentismo, Versolibrismo, Subsecuentismo, Trashumanismo, Creacionismo, Ultraísmo, Unanimismo, Cerebrismo y otras muchas, entre las cuales llama poderosamente la atención la última que surgió en Francia, el Dadaísmo, que se basa en la imitación de los sonidos.

En Cuba, actualmente, no hay un gran poeta, un poeta realmente popular, como tampoco impera una forma determinada. Hay algunos temperamentos poéticos de positivo valor, pero hay en ellos una gran falta de sentido artístico. El único nexo de relación que entre todos existe es su tendencia al efectismo.

El efectivismo viene a ser a las escuelas ultramodernistas, como el modernismo al decadentismo y al simbolismo, el nombre que se emplea para denominar las tendencias comunes. El efectismo, como lo indica la etimología de esta palabra, se reduce a una sola cosa, impresionar. De esto resulta una poesía confusa, a veces sin sentido, otras demasiado extensa, a tal extremo que los conceptos se desvanecen y las ideas se tornan incomprensibles en ese laberinto de imágenes forzadas, rebuscadas, hechas simplemente para producir efecto.

Dije anteriormente que en la generación de 1900 no hay un verdadero poeta; es necesario reconocer que esta es la verdad —verdad triste que en la tierra de Heredia y de Casal no exista un gran temperamento lírico, pues si analizamos la obra de los poetas jóvenes del siglo no encontraremos, fuera de René López, que fue sin discusión el más grande de nuestro poetas del siglo, no encontramos fuera de él, repito, un gran poeta, un verdadero poeta, como aquellos cantores de antaño que llenaron con su nombre todo un siglo, al extremo de que Rodó, uno de los críticos más grandes que ha tenido América, dijera que «Cuba es una de las tres naciones americanas cuya labor intelectual es más fecunda y hermosa». Las cosas, de pocos años a esta parte, han variado radicalmente; nuestra tierra, que en el campo de la oratoria marcha a la cabeza de las primeras de América, y que en el campo de la prosa, tanto en la crítica, como en la novela, tiene brillantes cultivadores, es en la poesía débil, notándose en ella una gran desorientación, que no es ya individual sino colectiva.

La nueva orientación

Después del Ultraísmo, Unanismo y demás escuelas antes nombradas, que no fueron mas que aspectos diversos de la «poesía social», y en cuanto al resultado, simples intentonas sin éxito, surgieron en Francia y otros países otras dos orientaciones de más vastos alcances que las anteriores, y de gran influencia: fueron el Neopaganismo y el Misticismo. Ambas manifestaciones estéticas se escudaban en dos nombres, Gabriel D'Annunzio y Mauricio Maeterlinck. Ambas escuelas, contrarias al parecer, son en el fondo una misma cosa. D'Annunzio es un glorificador de la vida, un discípulo de Epicuro. Piensa que la vida es bella aun en su misma tristeza; real, fuera del ensueño y la religión. Maeterlinck, por el contrario, es un místico, piensa como el poeta italiano que la vida es grata, pero fuera de la realidad terrena. Deja el ilustre belga que el espíritu vuele lo más alto posible para evitar que se hiera al tocar el suelo. En resumen, los dos poetas-filósofos han pretendido llegar al mismo resultado, marchando por senderos opuestos. D'Annunzio es simplemente un discípulo de Nietzsche, y como el germano, ha llegado a la misma conclusión: a que la vida es bella cuando se sabe vivir. Los dos llegaron al mismo lugar. El poeta por educación artística, el filósofo germano por conclusión filosófica. Uno llegó al paganismo por la senda brillante del Arte, el otro por el áspero camino de las decepciones.

Maeterlinck, al contrario de D'Annunzio, es un sentimental. Sus pasiones inmateriales y aladas no se fijaron nunca en la materia. Es, en filosofía, un idealista, que ha llevado su misticismo a su obra lírica. Sus versos, sus obras teatrales, sus libros de filosofía, sus ensayos espiritistas, sus mismas investigaciones naturalistas, están impregnados de un recogimiento místico, como si en él hubiera reencarnado el alma luminosa de la doctora de Ávila.

Lo expuesto anteriormente demuestra que la raíz del Neopaganismo y del Misticismo es la misma. D'Annunzio llegó por su materialismo al paganismo de Epicuro, Maeterlinck, con su místico temor al dolor, se aproxima a Dionisio.

Tal era el estado de la literatura española cuando surgió el conflicto europeo. Sobre el pesimismo, el positivismo y el misticismo de aquel momento, Federico Nietzsche era el faro de la juventud. Vivamos alegremente el momento actual, parecía ser la divisa de los poetas jóvenes antes de 1914. En tanto los viejos, que habían conocido a Campoamor y a Darío, sonreían beatíficamente. Ellos sabían lo efímero de esas escuelas. Y así fue. Con la guerra de 1914 todas las nuevas teorías vinieron al suelo. Francia dio una nueva orientación, cuya fuente está en la literatura de la guerra.

Francia, fuente de las grandes revoluciones sociales e intelectuales, tierra cuyos intelectuales han guiado siempre el movimiento social, político y literario de la raza latina y a veces de otras razas, nos hará llegar muy pronto una renovación de vastos alcances.

En Francia nacieron el romanticismo, el naturalismo y el modernismo; de allí también nos llegaran los nuevos derroteros, y esa orientación última-modernista está ya en germen. Ha nacido con la guerra.

Los cuatro años de ansiedad continua en que vivió el mundo han traído un cambio radical en el modo de ver las cosas, en el modo de sentir y principalmente en el gusto artístico del pueblo francés. La novela social, o de psicología, obras que para ser comprendidas requieren absoluta compenetración entre el actor y los personajes, es, en el fondo, una novela cansada; hay que leerla reflexionando, lo cual requiere una completa tranquilidad. El soldado que después de luchar diez horas iba a descansar no podía, entre el estruendo de los grandes cañones y el olor a pólvora, en un ambiente saturado de muerte y de rencor, concentrar su pensamiento en una idea profunda; esto en las trincheras era difícil, y por eso se buscaban las obras fáciles, cuya lectura distrae sin preocupar, que no requieren esfuerzo alguno; por eso el soldado se fue aficionando a la novela sencilla, en que impera la fantasía, sin grandes problemas psicológicos y sociales.

Los autores han de seguir siempre a la multitud; el gusto de las masas no se puede amoldar al gusto de los autores. Y esto ha traído en Francia una forma nueva, cuya influencia pronto llegará a la lengua castellana.

Ha sido, en verdad, un cambio radical; la novela de la guerra es, según Prevost, «novela para niños grandes». Es de notar que el autor de *Cartas a Paquita* trata de modificarse, para seguir las nuevas formas; los demás hacen lo mismo, para seguir de cerca el ritmo de su época.

No creo que la orientación definitiva esté en Bourget, Prevost, France, Rosny o Bordeaux, esos es difícil que se modifiquen; es verdad que en algunos de ellos se notan inclinaciones al cambio, como en *El sentido de la muerte* de Bourget, que difiere bastante de su obra anterior; lo mismo ocurre con Maeterlinck, cuyo último libro, *Debris de guerra*, inicia también una modificación en su obra futura. Sin embargo, el germen de la verdadera revolución literaria está en los escritores nuevos, y éstos son los que han dado la nueva pauta. Saures, Gide y Claudel se aprestan para la lucha; Barbusse ha publicado su novela *El fuego*, bien distinta a su anterior *El infierno*; Pedro Benoit, al publicar sus tan discutidas obras *La Atlántida* y *Koenigsmark*, muestra un modo de pensar bien distinto a cuando escribió su libro de versos *Diadumeno*. Otro de los jóvenes, Edmond Jaloux, que en sus principios era poeta simbolista, como se puede apreciar en su libro *Alma de Otoño*, deja vislumbrar en su última novela, *Humos en el campo*, una próxima transformación; Juan José Frappa fue, quizás, el primero que se dio cuenta del cambio de gusto, al escribir con sentido de vidente su libro *Bajo la mirada de los dioses*. Lo mismo puede decirse de Adrián Bertrand, que como Frappa murió en la guerra. Este novelista y poeta, discípulo predilecto de Anatole France, durante la larga y dolorosa agonía que precedió a su muerte escribió *Los jardines de Priapo*, una obra teatral en verso; *La princesa Beronice* y un libro de versos, *El vergel de Cypris*. En todos ellos están bien perceptibles los modelos futuros. Igual ocurre en la obra de Verlet, Baugnal y Jacques, tres poetas jóvenes surgidos al calor de la contienda.

En esos autores que acabo de nombrar, tratándolos ligeramente, está el germen de la novela y la poesía futura. En sus libros está la fuente que pronto invadirá nuestra literatura. Es indiscutible que, tanto en la novela como en el teatro, en la poesía, en la filosofía y en todas las ramas del entendimiento humano, incluyendo las ciencias naturales, habrá un cambio radical. Pasaremos de lo complicado a lo sencillo.

Hay que ser sencillo; el gusto, el sentido estético contemporáneo requiere nuevos moldes, el público pide (y habrá que dárselo) sencillez. Hay, pues, que volver a la naturaleza. En esa nueva forma está nuestra poesía futura. Es la única esperanza. Hay que modificarse, poetas. Recordad la frase de José Enrique Rodó, «Vivir es reformarse», o la más significativa de Gabriel D'Annunzio: «o rinovarse o morire!».

Los fundamentos lógicos del futurismo
[1921]

Hace ya algunos años un escritor mallorquín de gran talento, Gabriel Alomar, en una rara conferencia pronunciada en Barcelona, e inserta también en uno de sus libros, anunciaba el futurismo como la orientación renovadora que había de dar a la poesía moderna una savia y un vigor que harían negativa aquella amarga afirmación de Caro, «la poesía se muere», y que desde el pasado siglo suena en el alma de los que aún sienten la belleza de la estrofa con un apagado ritmo funeral.

Cuando Alomar, temperamento rebelde y revolucionario, profetizó el futurismo, gran parte de los intelectuales le dieron la razón reconociendo lo lógico de su afirmación, pero su teoría, que no se afianzó en el ejemplo, pasó pronto al olvido. Años después surgió en Milán un complicado y original poeta, italiano, de nacimiento francés por la lengua y la elegancia, Marinetti, que basándose en las mismas teorías de Alomar, pretendía iniciar una revolución lírica, trasmutando todos los viejos valores sentimentales, para dar a la Humanidad una poesía vigorosa, complicada y nueva, cuyo espíritu se acoplara al espíritu moderno.

La revolución de Marinetti se basaba en un fundamento completamente lógico, como habré de demostrar más adelante; pero sus exageraciones hicieron de su escuela una orientación inaceptable para todos aquellos que tienen una mirada serena y reflexiva para estos complicados problemas del Arte. Pretendían Marinetti y sus discípulos una anarquía intelectual y sentimental que rompiera con toda la tradición. El desdén por el pasado, el amor a la guerra, «única higiene del mundo», el desprecio a la mujer, causa de todos los males, la destrucción de los museos, el imperio de la fuerza sobre el derecho, el «nirvana absoluto», es decir, la filosofía epicúrea de Federico Nietzsche elevada al cubo o a la sexta potencia. Con tales aspiraciones irrealizables el futurismo no podía triunfar en ninguna parte y sólo algunos poetas jóvenes de Italia, sedientos de popularidad, se cobijaron bajo sus banderas. En Europa preocupó a los intelectuales por muy breve tiempo. Inglaterra, saturada de la estética de su mentor Ruskin, acogió el futurismo como cosa posible y lógica; mas lo rechazó cuando Marinetti con sus raras imágenes revolucionarias fue a exponer sus teorías en la nación cuna del prerrafaelismo; en Francia, tierra curtida por las revoluciones sociales y artísticas, se tomó el futurismo como una aberración; país amante de la tradición, aunque sabe mirar al futuro, desdeñó la nueva forma tan pronto su iniciador anunció en París la lapidación del pasado. Nuestro Rubén Darío, espíritu abierto a todas las originalidades, juzgó con cierto irónico comedimiento la poesía de Lucini y de Buzzi. Desde entonces, nadie ha vuelto a preocuparse del futurismo, aunque Marinetti cada poco tiempo anuncia una renovación más exagerada que la anterior.

No se puede, ya lo dije al principio, aceptar el futurismo de Marinetti. El poeta italiano, aceptable tal vez como simbolista, es un caso patológico como innovador. Max Nordau, el médico filósofo, debe haberse sentido inquieto ante el temperamento revolucionario del poeta anti-d'annunziano; él, que vio un degenerado en Wagner y en Zola, en Verlaine y en Tolstói, como don Quijote un gigante en cada molino, ¿qué habrá pensado ante el visionario que pretende alterar los valores ingénitos en el corazón humano? Si la obra de Marinetti ha llegado a manos del pensador germano, sus ojos semiapagados deben haberse nublado con la añoranza de aquella pluma que escribió las paginas hirientes de *Degeneración,* pluma entonces injusta y que hoy sería de una verdad suprema.

El futurismo, que ha sido muy comentado y rudamente atacado, no ha sido en mi opinión bien comprendido. Se ha pensado que lleva en sí la destrucción del sentimiento poético, que es la negación de la estética, y no es así. Tiene un fundamento, un principio primordial que es completamente lógico. Su base es tan cierta como la del naturalismo. Si la poesía, como ha ocurrido siempre, sigue de cerca el ritmo de los tiempos, si va tras de la humanidad siguiendo sus cambios, evolucionando a la par de ella, la poesía futura, la moderna más bien, ha de ser completamente distinta a lo que es hoy, a lo que ha sido hasta ahora. Han cambiado notablemente la sociología, la filosofía, la ciencia, el espíritu colectivo, el mismo sentimiento; ¿por qué no ha de cambiar la poesía, el arte todo, que es en resumen la expresión del sentimiento?

En estos últimos años la humanidad ha cambiado radicalmente; su modo de pensar y de sentir no es el de hace medio siglo; las viejas teorías han sido sustituidas por otras más modernas, y los conceptos han variado radicalmente, igual que las apreciaciones. Einstein refuta y destruye toda la física de Newton con su teoría «de lo relativo», cambiando así toda la mecánica celeste; Gustavo Le Bon demuestra la falsedad de la filosofía de Spencer al comprobar la mutabilidad de la materia, las experiencias del profesor francés acaban con toda la filosofía iniciada por Comte y confirmada más tarde por Spencer. Las religiones caen bajo la filosofía positiva, el Apocalipsis se desploma ante el cálculo; mientras Lamar, Darwin y Ernesto Hackel abaten la Biblia, con su teoría de la evolución y de la selección, la psicología adelanta considerablemente con raras experiencias, Weber inventa el compás de su nombre para medir el esfuerzo mental, mientras Spoule intenta pesar el alma y

Ribot acepta la trasmisión del pensamiento. Metchnikoff, Finot y Voronoff prometen prolongar la vida, en tanto que Marconi pretende comunicación con Marte. Broca crea la antropología, que hace célebre a Lombroso, las viejas monarquías se desploman a impulsos de las revoluciones niveladoras, los sueños de Verne se tornan realidades, y todo esto hace que el espíritu, que tiene ante sí una perspectiva más extensa en que explayarse, cambie los antiguos valores por otros más modernos, haciendo, por ejemplo, que la filosofía pesimista creada y propagada por Schopenhauer muera ante el optimismo de Nietzsche, que triunfa hoy con D'Annunzio, con Maeterlinck, con Veharen, con Kipling, con Whitman y con Rodó, los grandes representantes del sentimiento moderno.

Aun el mismo concepto del amor, que para muchos era inmutable, ha cambiado notablemente. Los filósofos se han complacido en quintaesenciarlo, los psicólogos han penetrado en sus intimidades para aquilatarlo y descubrir su esencia. Sacher Masoch declara que es una enfermedad que se presenta en distintas formas, mientras Eburg asegura que Nana, la cortesana de Emilio Zola, es un caso patológico, digno de una hoja clínica. El divorcio, ley liberal y encomiástica, conmueve el pedestal sagrado en que se yergue la familia, mientras el feminismo se abre paso y abate los cimientos de las constituciones. En efecto, si Shakespeare hubiera escrito tres siglos después Otelo en vez de ahogar a Desdémona hubiera solicitado el divorcio, y si, por el contrario, Ibsen escribe *Nora* hace tres siglos, esa muñequita inconsciente que se separa de su esposo para enfrentarse con la vida abiertamente hubiera ido a terminar sus días en la penumbra de un convento. Aristófanes hoy día no hubiera hecho triunfar a Lysistrata por la fuerza de sus encantos físicos, sino por el poder de su voz tribunicia.

Si todo ha cambiado de un modo tan radical, es lógico que la poesía se modifique también. Cosas son todas esas que ejercen un gran poder en el espíritu colectivo, el cual ya requiere una poesía nueva, mas amoldable a su nuevo sentir. Cuéntase que Keats, el gran poeta inglés, maldijo en un brindis la memoria de Newton, el coloso del cálculo. Interrogado sobre esa maldición, la explicó diciendo que Newton había roto la poesía del arcoíris. En efecto, el sabio físico, al explicar la reflexión de la luz, restó al fenómeno su encanto principal, el velo misterioso que hasta entonces lo circundaba.

Queda, pues, demostrado que la poesía ha de sufrir un cambio radical; y surge ahora como lógica consecuencia esta pregunta: ¿cómo será la poesía futura? Pregunta que nadie osará responder. No será, ciertamente, la que sueña Marinetti, el loco de Milán; no será la poesía del movimiento, de las revoluciones, la poesía convulsiva que Govoni práctica y que predica su compatriota Auro D'Alba, otro discípulo de Marinetti. Será una poesía menos emotiva que la que hasta ahora han practicado clásicos, románticos y modernistas, habrá en ella una gran dosis de optimismo y mucha reflexión.

La poesía «social», nacida con la muerte del decadentismo, es un gran paso de avance. En la poesía futura hablaran las grandes masas; el sentimiento, más que personal, como en la poesía decadente, será colectivo, pues reflejará las aspiraciones de toda una clase.

Mas ese cambio será tan lento que apenas podrá ser percibido por aquellos que siguen de cerca las ideas de su tiempo. Hay en la actualidad muchos poetas que llevan en su estro una gran cantidad de espíritu futurista, sin darse cuenta de ello, como le ocurre a D'Annunzio, a Verhaeren, a Kipling, y en Cuba a muchos de los jóvenes, especialmente a Federico de Ibarzábal, quien tendrá una sonrisa irónica entre asombrado y burlón cuando al repasar estas líneas encuentre que le llamo futurista. Él no lo creerá tal vez; sin embargo, en breve he de dedicar un artículo a nuestros futuristas inconscientes, y allí, entre el asombro de muchos, habrá poesías de Acosta, de Ibarzábal, de Cabrisas y otros de la generación actual, que ni remotamente se imaginan ser futuristas.

La palabra futura [1922]

Hace ya algunos años un escritor mallorquín de gran talento, Gabriel Alomar, en una rara conferencia pronunciada en Barcelona e inserta hoy en uno de sus libros, anunciaba el futurimo como la orientación renovadora que ha de dar a la poesía moderna savia y vigor suficientes para hacer negativa la amarga afirmación de Caro: «la poesía se muere», y que desde hace tiempo viene sonando en el alma de los que aún aman la belleza, con un apagado ritmo funeral. Cuando Alomar, temperamento rebelde y arbitrario, profetizó el futurimo, gran parte de los intelectuales le dio la razón, reconociendo lo lógico de su aseveración. Mas la teoría del ilustre pensador, que no se afianzó con el ejemplo, pasó pronto al olvido como otras tantas teorías que han muerto sin dejar huella.

Años después, surgía en Milán un extraño y original poeta, Marinetti, que basándose en los mismos fundamentos del autor de *Verba*, iniciaba una revolución lírica extensiva a la ética y a la filosofía, que transmutaba todos los viejos valores sentimentales y morales, dando a la Humanidad una poesía vigorosa, complicada y nueva, cuyo espíritu se acoplara más al sentir moderno.

La revolución de Marinetti se basaba en unos fundamentos absolutamente lógicos; mas sus exageraciones hicieron de esa tendencia cosa inaceptable para los que tienen una serena mirada reflexiva con que escudriñar los complicados problemas del Arte. Pretendían Marinetti y sus discípulos una anarquía intelectual y sentimental, que rompiera con toda la tradición, arrancando a la humanidad un conglomerado de sentimientos ancestrales, tan importantes, que en ellos busca Bergson la explicación de muchos fenómenos psicológicos. Predicaba el poeta italiano el desdén por el pasado, rémora que nos impide avanzar hacia horizontes más claros; el amor a la guerra, «única higiene del mundo»; el desprecio a la mujer, «causa de todos los males»; la destrucción de los museos, postrer reducto de los tiempos viejos; el imperio de la fuerza sobre el derecho, es decir, la anulación de todo lo que represente apego a viejas cosas o a viejos sentimientos. Su filosofía, en esencia, no es más que la amarga inconformidad de Federico Nietzsche, un poco más arbitraria en el poeta milanés. Pese a Marinetti y sus discípulas, que reniegan del creador de Zarathustra, la filosofía nietzscheana ha ejercido en ellos una influencia decisiva. No importa que el Superhombre haya nacido, como dice Marinetti, «entre el polvo de la biblioteca», y que esté construido con los cadáveres podridos de Apolo, Marte y Baco. No importa nada que sea un retorno hacia el paganismo de Epicuro. En el futurismo hay el mismo entusiasmo por el porvenir, el mismo desdén por los ídolos, la misma agria visión real, el mismo amor por la máquina y la fuerza que en el amargo meditativo que Nietzsche hizo pasar por la vida, detestando el nostálgico claro de luna, el sentimentalismo de las viejas canciones y soñando sólo con el heroísmo cruel e injusto de su fiebre conquistadora.

Zarathustra nació rebelde en una evocación de tragedia helena, y el futurismo es esa creación de Nietzsche, no hecha hombre en el libro, sino espíritu en la acción. La diferencia es, pues, de grado, pero no de esencia.

«¡Anatema sobre el que se deje poseer por el demonio de la admiración! ¡Anatema sobre el que admira o imita el pasado! ¡Anatema sobre el que comercia con su genio!». De este modo habla Marinetti en su libro sobre el futurimo, y esos párrafos, ¿no recuerdan a Zarathustra, bajando de su montaña sagrada, heridos los pies por los guijarros del camino y sangrando las manos por las espinas del sendero? Esa filosofía, que tiende al nirvana, perpetuamente huyendo del dolor cotidiano, ¿no es lo mismo que aconsejó el Superhombre?

Mas con aspiraciones tan irrealizables, como esas de arrancar al corazón humano valores ingénitos, el futurismo no podía triunfar, y sólo algunos poetas jóvenes de Italia, sedientos de popularidad, se cobijaron bajo su bandera. En el resto de Europa, preocupó a los intelectuales durante breve tiempo. Inglaterra, saturada de estética ruskiniana, lo acogió como cosa posible y lógica; mas lo rechazó cuando comprendió su alcance y su tendencia ilógica. En Francia, tierra curtida por las revoluciones artísticas y sociales, cuna de las grandes renovaciones, ejerció la nueva tendencia cierta influencia que pronto desapareció. En el idioma castellano, su influencia carece de importancia. Rubén Darío, espíritu abierto a todas las innovaciones, lo juzgó con cierto irónico comedimiento, al comentar, entre dudoso y risueño, las aberraciones de Buzzi y de Lucini. Después de los primeros manifiestos y de las conferencias en que conocieron Marinetti y sus discípulos «la voluptuosidad de ser silbados», según propia confesión, nadie volvió a preocuparse del futurismo.

II.

¿Puede aceptarse el futurismo al modo que lo concibió la mente inquieta de F. T. Marinetti? En modo alguno. Sus aspiraciones están reñidas con el sentimiento de la belleza y con los viejos conceptos estéticos del hombre. Nuestro ser sentimental es, como ha explicado Enrique José Varona, un conjunto de ideas tradicionales. Goethe, el poeta-filósofo, niega la omnipotencia de Dios, «porque no es capaz de borrar el pasado». Así es, en efecto. Toda acción es producto de una acción anterior y a su vez causa determinante de una posterior. En el presente se fragua el porvenir como en un tiempo pasado se fraguó el presente. Así, pues, las emociones individuales, a fuerza de ser productos de emociones anteriores, se van transformando en sentimiento social o colectivo, según la lógica conclusión a que llegó Gruyan, analizando el problema. Estamos formados por infinidad de ideas ancestrales, legadas por nuestros abuelos y que ejercen en nuestra vida intelectual una influencia decisiva. Pensamos, soñamos y sentimos de acuerdo siempre con lo que vive en nuestra subconsciencia, y romper con ello representa un esfuerzo que sólo puede vencer una inteligencia superior. Sentir es luchar con dos fuerzas opuestas. Una, la que nos lleva hacia adelante, en busca de un cauce nuevo, de una ruta inédita; y la otra, la que nos ata al pasado, que pesa sobre nuestro corazón y nuestro cerebro. Ser original representa el triunfo sobre nosotros mismos. Pero en el sentir colectivo, bien distinto siempre al sentir personal, el pasado pesa tanto que es inútil tratar de vencerlo. El triunfará siempre de todas las innovaciones, de todos los sueños de liberación que alienten los que tengan sed de nuevos caminos. La evolución ha de ser lenta. Fue necesario el romanticismo de Hugo para hacer posible el parnasianismo de Leconte de L'Isle y Heredia. Los decadentes habrían muerto sin el eslabón de Baudelaire. Rubén Darío necesitó de Martí, de Nájera, de Casal y de Silva para que su innovación no se tomara como una locura.

Marinetti pretende romper con lo que más ha embellecido la vida del hombre, desde los tiempos más remotos. «¡Matemos el claro de luna!» –grita apostólicamente, sin pensar que desde muchas generaciones precedentes el hombre viene soñando bajo la caricia de plata de la confidenta de Pierrot. Y las mujeres y los poetas escuchan con horror ese grito que en nombre de un arte nuevo tiende a llevarse el alma de las viejas serenatas, tantas veces repetidas. ¡Inundemos los museos! –claman los futuristas. Y nuestro corazón apegado al pasado, amante de la mentirosa belleza del tiempo viejo, se rebela. ¡Despreciemos la mujer! Es decir, hay que rebelarse, no ya contra convencionalismos sentimentales, sino contra leyes naturales. El amor, sea lo que sea, existe. La inclinación del hombre hacia la mujer es una verdad indiscutible. Será, si se quiere, «un medio del que se vale la naturaleza para que subsistan las especies», según la desencantada definición de Kraff Ebing, o el amor a lo débil, según Spencer, será lo que se quiera, pero es inseparable de nosotros mismos. Sustituir el amor a la mujer por el amor a la máquina, como pide Marinetti, no deja de ser una deliciosa broma.

¿Implican todos estos errores que el futurismo sea una equivocación? Nada más lejos de ello. Es una de las grandes verdades de nuestro tiempo. No será el de Marinetti, que sólo puede considerarse como una originalidad llamativa; no será tampoco el de los «ultraístas», dirigidos por Gabriel de la Torre y alentados por Cansinos Assens, ni aun el de Gabriel Alomar, único que ha sabido comprender la gran verdad, pero llegará necesariamente, tal vez sin que los poetas se aperciban de ello. Es más, su camino está iniciado y muchos lo siguen inconscientemente.

Se ha pensado que el futurismo lleva en sí la destrucción de viejos valores ingénitos en nuestro corazón, que es piqueta destructora que tiende a derribar sentimientos ancestrales, dique que se abre para inundar las regiones superiores en que florece el ensueño, y todo ello es incierto. El futurismo tiende solamente a acoplar la poesía con el sentimiento moderno.

De cincuenta años a esta parte, el modo de pensar y de sentir, la vida toda, ha cambiado notablemente. La sociología, el espíritu colectivo y el individual, la filosofía que se desmenuza para seguir rumbos nuevos, la ciencia que adquiere una preponderancia insospechada, todo siguiendo una vieja ley evolutiva, muere o se transforma. Y si la poesía, como ha ocurrido siempre, sigue muy de cerca el ritmo de los tiempos y las nuevas pautas del espíritu, ¿no es lógico que cambie también? No se puede pedir que los sentimientos de hoy se expresen de otro modo que de una forma moderna.

En las grandes ciudades ha muerto el romántico claro de luna. Las grandes bombillas eléctricas, con el vivo amarillo de sus filamentos, ocultan el viejo disco del satélite durante tanto tiempo cantado. Las grandes campiñas silenciosas desaparecen entre el humo negro de las locomotoras y la explosión de los motores. Una loca tendencia hacia lo práctico y lo rápido se apodera del hombre. Se vive aprisa, esquivando todo lo que pueda entorpecer el camino. El practicismo contemporáneo va matando lenta y seguramente el divino ensueño de antes. El mismo amor cambia de forma. El divorcio conmueve el pedestal en que se yergue la familia, mientras el feminismo va ganando campo abatiendo el pedestal de las constituciones.

Si Shakespeare nace tres siglos después, es seguro que Otelo no habría ahogado a Desdémona entre sus brazos brunos y nervudos, sino que habría solicitado el divorcio. Si por el contrario, Henry Ibsen hubiese escrito *Casa de muñecas* hace tres siglos, esa muñequita inconsciente, divinamente frívola, que se separa de su esposo para buscar su propia vida, y que abandona a sus hijos «porque antes del deber que tiene para con ellos está el que tiene consigo misma», habría ido a terminar su vida en la penumbra de un convento. Aristófanes no haría triunfar hoy a Lysistrata por la fuerza de sus encantos físicos, sino por el poder convincente de su voz tribunicia. El recurso de Hipérides para salvar a Friné, la divina belleza que sirvió de modelo a Praxiteles, sería hoy inútil. La estética, alma del pueblo heleno, es algo secundario en el alma moderna, y nulo en la justicia. Si todo ha cambiado, es lógico que la poesía se transforme también. El espíritu moderno requiere ya una poesía nueva más acorde con su modo de sentir y de proceder. Es ésta la base del futurimo. Ha de venir un cambio radical, no de forma, como piensan muchos, sino de espíritu.

III.

Tras el futurismo de Marinetti han surgido multitud de escuelas que desconciertan a los profanos con el desequilibrio de sus estrofas inexplicables. Cada revolucionario crea una escuela. Se pretende hacer hablar a las grandes masas sociales, expresar el sentimiento colectivo de las distintas clases, y se acude para ello a una serie de incongruencias que nada dicen. Novecentistas, pentapolistas, versolibristas, creacionistas, trashumanistas, intencionistas, susecuentistas, cerebristas y dadaístas tratan inútilmente de renovar el sentido del arte. No es por el camino de la oscuridad por donde se llega a la luz; sus abstracciones, complicadas y absurdas, sus teorías inaceptables, no solucionan el problema. No sólo en el dominio de la poesía, sino en ningún otro campo del arte. El cubismo de Picasso, de Gliezes y de Braque; el simultaneismo de Bruce y de Frost; el sueñismo de Dannat; el gangoismo tratando «más que de mostrar de sugerir», según Remy de Gourmont, son aberraciones artísticas que nada dicen y que nada significan dentro del futurismo cierto, a no ser la inclinación que en ello se nota hacia una forma nueva.

La poesía del futuro no será la de las imágenes confusas, en las que intervienen hasta fórmulas matemáticas, según los ultraístas, o imitaciones del sonido, según el cubano Picabia, creador del dadaísmo; no será tampoco confusa y original, al modo de los creacionistas, ni sociológica, como pretenden los trashumanistas: será simplemente poesía de ideas.

El cansino y áspero campo de inspiración de los clásicos, los sueños locos e irreales de los románticos, la intimidad egoísta de los decadentes, han matado la inspiración. Hoy es necesario pensar, no soñar. El poeta moderno ha de decir cosas ciertas, envueltas en la belleza de la forma métrica, pero con un sentido real en el pensamiento. Ha de ser profeta, como pedía Schiller, y filósofo, como exige Alomar. Debe seguir de cerca los movimientos populares, copiar las preocupaciones espirituales, vivir en una perpetua expectación ante el misterio de todas las cosas. Tendrá que ser filósofo. ¿No asegura Bergson que la filosofía es un arte porque conoce por intuición, en tanto que la ciencia sólo acepta lo demostrado? El poeta del futuro será el filósofo. No el árido pensador que ha florecido hasta ahora, sino con una forma de expresión elegante, rítmica, sonora y grata al oído.

La humanidad, cansada de ver desplomarse sus sueños más bellos, quiere realidad. Por obra de los tiempos, los filósofos pasarán a ser poetas, o lo poetas se tornarán en filósofos. Y la clase que quede atrás morirá pronto. Los sueños del mañana serán positivos como lo es la filosofía de hoy. Es inútil que los últimos románticos se esfuercen en mantener la supremacía del ensueño sobre la realidad. Caerán ellos por ley eterna.

De la gran catástrofe sentimental de la humanidad, sólo el bello decir será salvado. Únicamente la forma logrará sobrevivir, mientras su aliado de antes, el ensueño, se pierde lentamente, dejando de ser actual para convertirse un recuerdo bello y lejano, pero inaceptable ya.

IV.

La tendencia hacia la poesía filosófica no está por venir. Ha llegado ya. Silenciosamente se ha ido apoderando de los poetas, sin que ellos se den cuenta apenas. Y Amado Nervo, cantando su perpetua inquietud ante el misterio de los planos teosóficos; Maeterlinck, inquiriendo lo que más allá de la vida se extiende; Ruyard Kipling, reflejando todas las convulsiones de la vida moderna; nuestro Agustín Acosta, inquieto, sorprendido ante el misterio desconcertante que nos envuelve, orientan esa palabra futura hacia el sentido real que debe tener. Sin manifiestos, sin propagandas, actuando simplemente, sin previo acuerdo, van desgarrando velos, venciendo incomprensiones, para cantar en nombre de lo que vendrá mañana, de lo que hoy está muy cerca de nosotros. Es eso lo que practican Mauricio Bacarisse, Pérez de Ayala y Fernández Ardavín, en España; Fernández Ledesma y López Velarde, en México; Núñez Olano, Ibarzábal, Serpa, Martínez Villena y Poveda, en Cuba.

Filosóficamente será optimista. Seguirá, por tanto, el camino que le señalan los grandes pensadores modernos. Rodó en America, siguiendo en el Continente Sur las pautas que dio aquel viejo fuerte como un roble y sonoro como una tempestad, que se llamó Whitman, y en Europa, Maeterlinck y D'Annunzio, defendiendo orientaciones distintas, pero con una misma tendencia filosófica.

Esa será la palabra futura. Un canto de energía, una glorificación al optimismo, y de una serena realidad al propio tiempo. Ha muerto el claro de luna, es verdad, pero aún se puede seguir amando la luz dorada de los crepúsculos. Las almas de las cosas no han cambiado, vibra siempre, como antaño, y la belleza a más de subsistir se agranda, es multiforme, sonora, tiene infinidad de matices, es inquieta como el alma moderna, complicada como ella, paragógica como nuestro corazón, variable como nuestro espíritu, amarga como la vida o dulce como la mujer. Es de todo, plástica y móvil, grande y pequeña, silenciosa y sonora, porque es la vida contemporánea, un poco absurda si se quiere, pero mucho más intensa que la de antaño.

El espiritismo como producto sentimental [1922]

> Se cree fácilmente lo que se desearía que fuese. Lo que hay de verdaderamente terrible cuando se busca la verdad, es que se la encuentra.
>
> Remy de Gourmont

> El hombre se inclina a buscar más la parte agradable que la verdad razonable.
>
> Montaigne

El cartero, ese mago de las grandes sorpresas a quien esperamos todas las mañanas con un poco de alegría y un poco de temor, trae a veces en su valija de cuero extraños motivos de reflexión filosófica. Esta mañana ha llegado a mí una carta. Una carta vulgar como la mayoría de las cartas. Una letra amplia, un poco insegura, hacía resaltar mi nombre en la albura del papel. Convengo en que exteriormente no era capaz de inspirar curiosidad. Por eso, tal vez, no la abrí primero. Ese sobre de hilo blanco, esa letra amplia, no son ni el sobre perfumado ni la letra menuda que ponen en mis manos un ligero temblor. No –pensé–, no es ésta la carta que espero siempre impaciente y que leo con emoción. Indiferentemente la abrí. Era la carta esperada que llegaba a mí sin perfume, en un sobre de hilo, sin la dirección con fina letra menuda. Había sufrido una nueva equivocación en mi vida, llena de grandes equivocaciones morales y sentimentales. Un escritor moderno ha dicho que vivimos siempre esperando una carta que no llega nunca o que llega demasiado tarde. Es cierto. Pero esta carta de que hablo no llegó ni demasiado pronto ni demasiado tarde, llegó simplemente a tiempo. Algún día, imitando a Ortega y Gasset, que escribió «La meditación del marco», yo escribiré serenamente «La meditación de la carta».

El que haya leído el título de estas páginas, se preguntará, entre curioso y molesto, qué relación puede existir entre el origen sentimental del espiritismo y la carta que encerrada en un sobre de hilo blanco llegó a mi poder esta mañana. Es muy sencillo. Esa carta es el acuse de recibo de *Senderos en la montaña*, el libro místico y sereno con que Mauricio Maeterlinck completa sus estudios espíritas. Y en un párrafo de la carta he encontrado más, mucho más de lo que pude calcular cuando la abrí sin curiosidad: la explicación psicológica del espiritismo.

«Me desespera pensar –porque en definitiva no profeso ninguna religión– que estas ansias de perfeccionamiento moral, esta abnegación ante el sacrificio, no repercutirán "más allá", donde todo ha de ser diáfano, justo y elevado». Esas líneas, confesión ingenua de dolorosa duda, escritas sin la más remota idea pedagógica, llevan en sí la solución de un problema. ¿Por qué? Ya lo encontrará el lector más adelante.

La tristeza de la condición humana, el dolor perpetuo que nos acompaña en la jornada más o menos larga que se llama vida, la perenne inquietud de nuestra inteligencia ante el misterio de todas las cosas, la gran desarmonía existente entre lo soñado y lo vivido, el desacorde en que marchan siempre nuestros ideales y la realidad abrumadora, la ignorancia letal que nos envuelve, han sido, son y serán siempre los temas en que se explayen la adusta reflexión de los filósofos y el vuelo imaginativo de los poetas. La humanidad ha vivido siempre en una perpetua pregunta. Platón se hacía, hace más de dos mil años, la misma interrogación que Claudio Bernard y Reinke, a fines del siglo pasado, y que James y Bergson, en nuestro siglo.

En definitiva, a pesar de los años y de los estudios múltiples, no hay nada concreto. La relación entre el cuerpo y la fuerza vital continúa siendo la preocupación de los biólogos, y vitalistas, animistas y monistas, creyendo solucionar el arbitrario postulado, cada día complican más las relaciones conocidas.

Todos estos esfuerzos, todas esas existencias que, poseídas de bendita curiosidad, han pasado por el mundo inquiriendo únicamente el sentido de la vida, persiguiendo la comprobación de que, más allá de la tumba olvidada que cubren las flores extendidas sobre el mármol amarillento, hay algo, han tenido sólo un fin piadoso. Buscar la compensación de la vida. A medida que la civilización con sus refinamientos ha ido complicando y amargando el paso del hombre sobre la tierra, la inteligencia, ayudada por la voluntad, ha querido acercarse a la fe. Lo que Le Bon llama «lógica racional» nos dice a veces que las cosas no son como quisiera nuestro pobre corazón ingenuo, que se rebela a morir totalmente. Nuestro misticismo ancestral, aliado con la lógica afectiva, entabla una lucha sentimental en el fondo de nuestra conciencia. Por un lado nuestra razón, nuestro limitado poder analítico, nos hacen apoyarnos en el vitral de la gran ventana ante la cual hay una extensión densamente negra y asegurar que no vemos nada; por otra parte, nuestro afán de sobrevivir, la inconformidad con no ser, el problema lacerante de lo que vendrá, el impulso místico de obtener una compensación a la brega diaria y, sobre todo, el afán doloroso de no morir totalmente, de encontrar más allá los afectos que se fueron antes, de hallar en la diafanidad de los mundos astrales los brazos que en la vida nos estrecharon, quizás la boca dulce de una mujer tierna y querida, a quien se perdió demasiado pronto, o la risa de una novia antigua que se llevó la vida, pero de quien es grato pensar que nos espera en ese dulce «más allá» de los poetas. Por eso el cerebro y el corazón se oponen tenazmente a que el objeto de la vida sea el que vio el positivismo de Spencer al explicar lo incognoscible, «la tendencia hacia la existencia tan completa y tan larga como sea posible».

Para los que no han tenido la desgracia de estudiar el fondo de la filosofía, los afortunados que no tropezaron en su juventud con el amargo desencantado de «Selección y evolución», y que lograron dormirse tranquilamente sin que Haekei perturbara su descanso con sus teorías del hombre frente a la naturaleza, no pueden resignarse a ser mortales en el sentido real de la palabra.

La vida es triste –piensan ellos–, pero puede tener, debe tener, una justificación. Practicar el bien o hacer el mal, llevar una vida ejemplar o una existencia arbitraria, ¿todo para que el fin sea el mismo? Y vuelven las miradas hacia las religiones, prometedoras, litúrgicas en su amable serenidad, llenas de prácticas que tienden a fortalecer la creencia. Y ese hombre que en un momento sintió el latigazo de la duda se sumerge en el misticismo irreflexivo, y cae ante los altares como sus antepasados se inclinaron ofreciendo sacrificios ante los plintos paganos de oro y mármol, o ante el ídolo toscamente labrado que rompió hace miles de años la monotonía de las grandes selvas. Esa sed de inmortalidad, apoyada en la necesidad de explicaciones que tiene nuestra limitada inteligencia, ha hecho nacer en el hombre el sentimiento religioso. Primero surgió la hipótesis de Dios, es decir, se atribuyó conciencia al principio que los ateos llaman «fuerza natural», y una vez explicado más o menos satisfactoriamente el origen del universo, la pregunta se hizo extensiva al objeto de la vida.

Esa es la génesis de las creencias en lo sobrenatural. El hombre aceptaba, y acepta todavía, la intervención de un poder divino, es decir, eterno e inmutable, creador primero y organizador, más tarde, del movimiento universal. Y aun en las religiones más disímiles, ese «principio» es la base de todo. El panteísmo indio, que encuentra a Brahma en todas partes, la explicación primitiva de la filosofía china, que somete todo al cálculo y a la armonía matemática, la explicación de Zoroastro, el reformador persa, el politeísmo egipcio, complicado como un jeroglífico, las múltiples escuelas griegas, con sus mitos saturados de belleza poética, los hebreos y la teogonía cristiana, todos, sin exceptuar las arbitrarias interpretaciones de los sofistas, aceptaron a Dios como la suprema explicación. Aceptado lo primero, no era ilógica la hipótesis del alma con sus cualidades de inmortalidad, y fue, desde luego, aceptada.

Pero la evolución intelectual va alterando valores viejos en el sentimentalismo humano. El paganismo se desplomó ruidosamente tras breve lucha y las diosas desnudas cayeron de sus plintos de mármol para dejar lugar a los altares que levantaba la prédica fecunda de los apóstoles. El hombre no creyó ya en las explicaciones arbitrarias y faltas de sentido real, y se inclinó a la explicación mucho más aceptable del catolicismo y sus diversas sectas.

Mas la evolución no se ha detenido, siguiendo así una ley inmutable y eterna. La teogonía cristiana, con todos sus mitos, vacila y cae ante la ciencia positiva. Voltaire, Rousseau, Diderot, D'Alembert, el barón D'Holbach, La Harpe, todos los creadores de la filosofía intelectualista, comienzan a burlarse del mito católico, y las bellas leyendas saturadas de incienso, consoladoras, milagrosas, serenamente sentimentales, crujen, vacilan y se desploman al fin.

El desconcierto surge de nuevo. ¿En qué creer? La Edad Media había pasado con su ruido de lanzas y el vuelo de sus brujas sabáticas. Las prácticas litúrgicas, húmedas de agua bendita, no eran ciertas en el cerebro de la mayoría. Entre el desconcierto desconsolador, voces íntimas inquirieron otra vez el sentido de la vida. Goethe, Comte, Spencer y toda una legión de racionalistas positivos se erguían frente al ensueño, asegurando la muerte total. Aquellos que habían tenido una fe débil, que más de una vez habían dudado, los que se habían contagiado con la sed de análisis, sin ser capaces de comprender la realidad posible de las afirmaciones positivas, no tenían ya en qué creer.

Fue poco tiempo después cuando surgió en los Estados Unidos el primer fenómeno espiritual. Sobre la pequeña mansión de la familia protestante se clavaron las miradas ávidas y curiosas de todos los desgraciados, de los adoloridos que llevan una vida gris y pasan la monotonía de sus días oscuros sin una luz en lontananza. La esperanza renació, y los ingenuos, hechos descreídos a fuerza de pruebas definitivas, tuvieron una sonrisa mística en el rostro cansado y lleno de arrugas. Y del desconcierto reinante surgió la nueva fe, única, tal vez, que con los años logre vivir en el cerebro.

Muchos creen que el temor a la muerte de pende de dos cosas exclusivamente. Una, la repugnancia que siente el hombre hacia su propio cuerpo en estado de putrefacción. Primero la hinchazón y el color verdoso; más tarde, las secreciones amarillentas que, brotando de los ojos y de la boca, van a cubrir el rostro; después la carne agrietada, en cuyas rojeces nacen insectos pequeños que pronto se transforman en gusanos repugnantes que mueren hartos de carroña, la lenta licuación del cerebro, las órbitas oscuras que perdieron para siempre las pupilas, todo ese proceso maravilloso, sometido a leyes químicas y biológicas, que nos lleva lenta y aterradoramente a la desaparición completa, hacen sentir una repulsión instintiva hacia la muerte. Esto, que según Maeterlinck es la causa principal, no es en mi opinión más que una simple parte, tal vez la menos importante. La cremación, que evita todo eso, no es capaz de consolar al hombre, ni de hacer que se resigne ante la muerte.

Piensan otros que el horror hacia la muerte proviene del temor a lo desconocido. Ese misterio impenetrable que rodea lo que más allá de la tumba pueda haber, y ese desconocimiento absoluto de lo que encierra el laconismo doloroso de «ser otra cosa» ejercen en el espíritu una acción mucho más importante que la repugnancia hacia la descomposición. Es, quizás, el origen de todo, siempre que el cerebro sobre el que actúe no posea firmes convicciones. Para temer el misterio del «más allá» es condición precisa dudar. El creyente muere tranquilo, sabe ciertamente que cambia de estado, pero que su ser sentimental y pensante sobrevive. El materialista sabe positivamente que dejará de ser; que en él se cumple una ley biológica fatal; mas el que duda se pregunta temeroso: ¿qué habrá más allá? Y de esa pregunta, sencilla y lacónica, nace la más dolorosa expectación, la que inspiró a Darío, el poeta admirable, sus versos inmortales de duda y de temor místico:

> Dichoso el árbol que es apenas sensitivo,
> y más la piedra dura, porque ésta ya no siente,
> pues no hay dolor más grande que el dolor de ser vivo,
> ni mayor pesadumbre que la vida consciente.
> Ser y no saber nada, y ser sin rumbo cierto
> y el temor de haber sido y un futuro terror,
> y el espanto seguro de estar mañana muerto,
> y sufrir por la vida, y por la sombra y por
> lo que no conocemos y apenas sospechamos,
> y la carne que tienta con sus frescos racimos
> y la tumba que aguarda con sus fúnebres ramos
> y no saber adonde vamos,
> ni de donde venimos.

Esas estrofas del poeta nicaragüense dicen mucho más a la razón que el más meditado estudio psicológico. En esa duda expectante y en el deseo de seguir siendo está, como dije antes, la base sentimental del espiritismo y de la teosofía. La creencia en la vida futura del espíritu es la esperanza postrera de la humanidad, quejosa generalmente de la vida, pero paradójicamente sedienta de vivir. En esa espera hay un placer íntimo.

El hombre goza y se consuela pensando que tendrá una prolongación astral o que sigue un proceso evolutivo hacia el séptimo plano teosófico. Esa idea le produce tal satisfacción que, cuando el análisis pretende desalentarlo, mostrándole lo incierto de su espera, lo rechaza intuitivamente. La esperanza, como bien dice Gustavo Le Bon, «es una forma de placer en expectativa que en su fase de espera constituye un goce mayor que la realización de ese deseo». Es esa la razón por la que los reformadores, los que han alterado el sentido sentimental de las cosas, se han visto precisado a sustituir una esperanza por otra.

Junto a la rebelión hacia la desaparición, al lado de las esperanzas, ligándose a ambas cosas para acentuar el sentimiento místico de supervivencia, están los sentimientos. Los sentimientos, según la psicología moderna, son en gran parte el producto de sentimientos ancestrales. Entran en la zona de lo consciente después de un largo proceso subconsciente, y nos llegan saturados de ideas ancestrales, particularmente en la creencia religiosa. Su papel va preocupando cada vez más a los psicólogos. William James y Henry Bergson buscan en ellos la explicación de la mayoría de los fenómenos psicológicos. Ejercen sobre nosotros un dominio absoluto a veces, y nos llevan a donde no teníamos razón de ir. Es la fuerza motriz y el timón de nuestros sentimientos y su encadenamiento escapa por lo regular a la acción de nuestra inteligencia. Producto de ella es lo que Kibot llama «lógica de los sentimientos». Dueño absoluto de la humanidad primitiva, el misticismo pesa hoy sobre nosotros y en lucha abierta con la lógica racional, logra en ciertos casos vencerla. Y de ese triunfo nace el místico. El místico de todos los tiempos. El que fué Apóstol con Jesús y cruzado en la Edad Media, el que fue reaccionario en el 93, y el que prefirió morir a entregar la bandera en el último cuadro de Waterloo. Fué San Juan en Creta, y Pedro el Ermitaño en el concilio de Clermont, y fue Santa Teresa y San Juan de la Cruz. Fue el héroe de todos los tiempos, el que murió por defender una idea, el que se consagró a un sueño. Ha sido ateo y creyente, poeta y filósofo, lo ha sido todo porque es la humanidad que tiende a la vida eterna. Hoy sigue siendo cosas distintas. Es monje católico, pastor protestante, misionero, sacerdote en el Japón, bonzo en la India, y es, principalmente, teósofo con Annie Besant, o espiritista con Denis y Kardec, y en ciertos casos oculista con Enclausse, deslumbrado por el misterio de la taumaturgia.

Nada, por irracional que sea, modifica las creencias del místico. Sin saber por qué aceptará los dogmas más absurdos y menos lógicos, sin que la razón ejerza poder alguno sobre él. Y creerá fielmente en la materialización de los espíritus, en la mediumnidad, en el poder de los muertos, en todo lo que no ve, pero que quisiera conocer. No pudiendo aceptar a un Dios «vengativo y cruel», según Diderot, se acercará a ese Dios bueno, justo, piadoso al grado máximo, que compensa la monotonía de la vida, dejándonos vagar ingrávidos, puros e inmateriales, por todos los espacios. Su corazón le impulsa a creer que rondará por sus habitaciones junto a los seres queridos, cerca de los viejos afectos, en derredor de todo lo que fue su vida sentimental.

He aquí cómo el misticismo, que hizo mártires serenos en el cristianismo primitivo, rebeldes admirables ante la hoguera de la Inquisición, hace hoy, en un retorno de siglos, amables teósofos y espiritistas soñadores, satisfechos del dolor de la vida y serenos ante el problema futuro.

La tendencia mística, pues, aliada con el deseo de subsistir, impulsa al hombre a profesar creencias que si no son absurdas como las viejas teologías, no tienen una demostración en la ciencia positiva. Es ese proceder lo que llama Ribot «la lógica de los sentimientos». El mismo Pasteur, el sabio que mejor ha aplicado los métodos positivos de experimentación, confesaba «que no podría creer que moriría, y que no discutía con su razón para no perder esa esperanza». Como él ha procedido más de un idealista, confesando que temía caer en el materialismo. Y el misticismo creador de leyes, orientador de pueblos, origen de las más bellas esperanzas y los más lozanos sueños, causa primordial de los más bellos ideales, que ejerció una suprema importancia en el hombre primitivo, continúa aún ejerciéndola en el sentimiento moderno. Y haciendo primero arrodillarse al hombre frente al misterio de los astros, labrar después toscos ídolos en los troncos centenarios, haciendo surgir más tarde dioses de la blancura de los mármoles paganos, derrumbándolos después para abrir paso al más bello mito que ha concebido la humanidad, hoy, en la época de la filosofía positiva, cuando sólo se acepta lo comprobado y se desploman ante la crueldad del racionalismo los sueños más bellos, da a la humanidad una postrera tabla de salvación en una fe nueva más acorde con el espíritu moderno, más consoladora, puesto que es más benévola para los errores de los hombres, cuya vida desde los más remotos tiempos ha sido una perenne equivocación.

Dice William James que el alma, a fuerza de servir, ha caído en desuso, y que es necesario explicar la vida sin contar con ella. Es cierto, en filosofía el alma ha pasado. El dualismo radical de Ritschl, el idealismo de Bergson, ha pasado como la filosofía romántica de Hagel. En las teorías sobre la vida, el animismo de Stahl y de Chauffard, el vitalismo de Berthez y de Van

Helmont, van dejando su lugar a la teoría «físico-química» de la vida que creada por Silvio Le Boe, tiende a hacer de la existencia un simple proceso biológico sin esencia divina. Mas, ¿en el alma popular ha pasado también? Se puede asegurar que no. Ha habido quizás un renacimiento. Los que antes se creían librepensadores, por no poder aceptar los dogmas religiosos, encuentran en el espiritualismo, teosofía y espiritismo, cosas dignas de crédito. Porque esa fe en la que se mezclan misticismo y razones científicas, es amable al corazón. Buscad un burgués que pasa las horas frente a los libros de su establecimiento, si poder preocuparse de inutilidades metafísicas. Estudiad la evolución de sus ideas.

No alcanzando a comprender las teorías de Darwin, ni el transformismo de Lamarck, no se ha enterado, ni sospecha siquiera, la existencia de las teorías sobre el origen pirozoario o cosmozoario de la vida y le pareció mucho más lógico suponer que Dios hizo al hombre y le dio un alma. Convencido de la existencia del alma, ha pensado ligeramente, esquivando el análisis, en el fin de la vida. Su razón, poco cultivada, pero influida por el escepticismo contemporáneo, se niega a aceptar el premio y el castigo. Desconoce el imperativo categórico de Kant, pero en su enseñanza religiosa hay cierta inclinación hacia el fatalismo, y en su mente oscurecida en el materialismo diario surge esta pregunta: Si Dios nos da inclinaciones hacia el mal, ¿por qué castiga más tarde su resultado? Ya ese hombre no es religioso al modo cristiano. La duda lo lleva a rechazar la veracidad de su antigua creencia. En ese instante de desconcierto espiritual, el espiritismo abre ante él sus puertas de luz y consuelo. Ve en él un refugio amable, su sentimentalismo se ve halagado por esa ilusión de seguir rondando la vida material y cae en él. Es decir, que a fuerza de simplificaciones, ha llegado a la creencia más simple.

El que llega a esa conclusión es un hombre feliz. Nada le importa ya el dolor de la vida. Para él todas las cosas son diáfanas, tienen un bello sentido en su cerebro, la parte de poeta que todos los hombres llevan dentro se siente halagada. ¡No morir, seguir siendo lo que fuimos, rondar en derredor de lo que se amó en la vida terrena, amar puramente, sin perversiones materiales en esa región tan extraña en que nos esperan los que se fueron antes, ¡qué bello y halagador!

Lo demás, es horrible. Dejar de ser, esfumar se, confundirse con la tierra, ser savia en el árbol que crece junto a la tumba, convertirnos en parte constituyente de un sauce melancólico que hace silbar el aire que corta sus ramas, no ser más que materia en perpetua evolución hacia el éter, origen y fin. Es duro de creer, y es más que nada amargo, porque nuestro corazón no quiere... no quiere y sabe que ha de ser. Y de su rebelión ante lo fatal nace, como dice Dastre, el dolor de la vida. Razón tuvo el poeta mexicano, cuando imploró a Dios:

> Señor, Señor, los mares de la idea
> Tienen también sus recias tempestades...
> Mi Espíritu en la sombra titubea
> Como Pedro en el mar de Tiberiades.
> Hierven las aguas en que yo navego,
> Mi pobre esquife a perecer avanza,
> tu que la luz le devolviste al ciego,
> devuélvela a mi fe a mi esperanza...

Origen del concepto de lo bello [1922]

Sostienen la mayor parte de los filósofos idealistas que las cosas no son tal como las vemos, sino que constituyen simples interpretaciones que les da nuestro espíritu. Otros pensadores, lanzándose abiertamente por la metafísica pura, dan como cierto que la materia es amorfa y que son nuestros medios perceptores los que, actuando sobre el espíritu, la moldean, dándole multitud de formas que, combinadas armoniosamente, componen el medio ambiente en que nos movemos, sentimos y pensamos. La belleza, en este caso, depende simplemente del mayor o menor poder de interpretación de que esté dotado el espíritu.

Dando por cierto ese exagerado idealismo, resulta la belleza un producto espiritual sin relación alguna con el agente externo. Nuestro espíritu, en este caso, lleva la belleza en sí, haciendo de ella una aplicación a las cosas. No es el momento de considerar la certeza metafísica de esa arbitrariedad, incomprobable como todo lo metafísico. Acéptese la explicación idealista o positivista de las cosas, hay que convenir que lo bello es producto del dualismo entre lo externo y lo interno. Las cosas no son bellas en sí: son amorfas mientras la interpretación espiritual no existe. Mas esta última, que lleva latente el principio de belleza, no vive tampoco mientras falte punto de aplicación. Comparable a la fuerza mecánica, la belleza no existe carente de punto de acción. Es, como la vida, producto de la reacción de un poder interno sobre un medio exterior. Careciendo de uno de los agentes, queda latente en otro mientras la dualidad no se forme. Pese a Juan Pablo Ritcher, Hegel, Ruskin, Guyau y a todos los comentaristas de lo externo y lo interno, las cosas no son bellas en belleza; nada hay más arbitrario que la estética. La belleza que estudiaron es un concepto indefinido variable, insometible a leyes, antagónico veces, paradójico las más, que cambia con los tiempos, y que es multiforme en un momento dado.

La belleza, el concepto de lo bello, mejor dicho, tiene un origen remoto que se esfuma con el origen de la humanidad histórica. Entre las primeras manifestaciones que del concepto de lo bello existen, las manifestaciones primeras del conglomerado social, existe un espacio vacío que no ha logrado llenar la investigación. No es posible conocer en qué época ni cómo el hombre comenzó sentir la belleza. No se sabrá nunca cuándo, en el monosilábico idioma primitivo, apareció el sonido que expresara: esto es bello. Es lógico suponer que ese concepto no existió en el rudimentario cerebro del hombre prehistórico. Requiere comparaciones y abstracciones, difíciles de concebir en el reducido cerebro, entre humano y simio, del hombre que habitó en las cavernas de Saint Acheul y de Moustier en la edad paleolítica. En las rudimentarias civilizaciones que caen ya dentro de la apreciación histórica la tendencia hacia el sentimiento estético aparece a la par que las otras manifestaciones de sociabilidad y de inteligencia. Es, pues, casi imposible estudiar el ciclo evolutivo del sentir artístico, puesto que se desconocen sus orígenes. Tanto en Oriente como en Egipto aparece la conciencia de lo bello, pero formalmente, sin que se pueda conocer su principio.

Sólo se puede asegurar que la inclinación hacia lo bello nació antes que la curiosidad científica. El hombre pudo discernir entre lo bello y lo que no lo es antes de separar lo conocido de lo ignorado. Seguramente, el primer hombre que se detuvo a inquirir el misterio de las cosas, el primer filósofo, sintió el encanto de la naturaleza antes que la curiosidad que inspira. Pueden, pues, los poetas vanagloriarse de una existencia más remota que los metafísicos y los sabios.

Las ideas ancestrales, ya se ha visto en esta misma obra, ejercen en nuestras concepciones una incomparable influencia, causa hoy de ideas y creencias inexplicables. Los psicólogos modernos han demostrado que nuestra vida intelectual es una continua lucha entre ideas nacidas del medio ambiente y de las arraigadísimas ideas ancestrales que nos impiden a veces avanzar. Todos los conceptos y todas las manifestaciones de la naturaleza son en su mayoría productos de un legado centenario, capaz, según Ernesto Renan, de deformar y alterar lo que nos enseña el pensar moderno, ahora dueño de muchos secretos por nuestros ascendientes ignorados. La creencia religiosa, el sentido del derecho y del deber, el premio al bien y el castigo al mal no son, como sostiene la tesis idealista, conceptos ingénitos en el corazón humano, sino un resultante de la influencia ejercida por nuestros antepasados. A esa conclusión se llega al estudiar la contradicción aparente en que caen los modernos comentaristas de la filosofía del derecho, como Edmundo Picard y Juan Cruet, J. Maxwell y Le Dantec, que han espigado en el campo inútilmente interesante del derecho puro.

Tanto o más que en el derecho, la influencia de los antepasados pesa notablemente en las ideas estéticas de hoy. Si el derecho es consecuencia de un legado ancestral, la belleza no es ese proceso evolutivo, sino un simple conglomerado de esas añejas ideas. Nada hay más arbitrario y menos sometible a leyes que la estética. Lo que alguien llamó el «error lógico» de la filosofía hegeliana radica, más que nada, en la suprema influencia que hace ejercer al espíritu en el concepto de la belleza. La psicología científica de hoy abate, radical y definitivamente, todas las ideas que el metafísico alemán opuso a su maestro y antecesor Schiller. No es la belleza, como sostiene la tesis idealista del hegelianismo, un producto de nuestro espíritu, sino algo perteneciente a nuestra inteligencia, que no es, en este caso, el intelectualismo en que se apoyó Hegel. Es simplemente la interpretación que hace nuestro espíritu de las cosas exteriores, pero no con una visión nueva y personal, sino con un viejo molde ancestral, como se verá más adelante.

La belleza moderna, ese concepto que nos hace amar unas cosas y despreciar otras, que parece tener dentro de nosotros mismos un punto de comparación para discernir entre lo que es bello y lo que no lo es, y que es en apariencias una abstracción, tiene en sus principios, una base de mera utilidad. Lo que es hoy para nosotros simplemente bello, fue, hace millares de años, útil al hombre. Tuvo una aplicación en su vida salvaje, o bien le inspiró respeto y temor.

El claro de luna, ese fenómeno astronómico, sometido a leyes, que con monótona regularidad se viene sucediendo hace millones de años, tan cantado e idealizado por los poetas de todos los tiempos, ¿qué razón tiene para existir? ¿Por qué ha de ser más bello el tinte de plata que pone sobre las cosas que la oscuridad total? Remontándonos algunos miles de años encontraremos una explicación que tiene todos los caracteres de una verdad. El hombre prehistórico habitante de las cavernas, que no disponía de luz artificial, sentía en la oscuridad de la noche un temor natural fácil de explicar. Las fieras, invisibles a esa hora, tenían su vida en continuo peligro, no podía moverse por no ver el camino; éstas, y otra multitud de amenazas que surgían al par de las sombras, hicieron que sintiera una viva alegría en las noches de luna. Todos los peligros disminuían cuando el bosque se inundaba de plata. Comprendió así la utilidad del claro de luna. Durante cientos de generaciones esa idea vivió sin modificarse. La alegría producida por la utilidad de un hecho natural fue siendo algo ingénito, que perdiendo su carácter primitivo con las civilizaciones, llegó a ser simplemente una admiración, persistente hoy, aunque en forma distinta. Así el suave y melancólico claro de luna que hoy invita a soñar cuando baña los jardines, y que es bello aun para el niño que no tiene concepto de la belleza, es sólo producto de la utilidad que en época remotísima prestó al hombre primitivo.

La belleza del crepúsculo es algo análogo. El alma de la tarde que muere es triste. Una sutil melancolía invade nuestro espíritu en esa hora imprecisa y de mediotinte en que el sol se pierde mientras teje un encaje maravilloso en el encanto de las nubes. Sobre todas las cosas cae la luz crepuscular, dándoles una amable serenidad, y en nuestro espíritu se infiltra lentamente el ritmo de la hora. El crepúsculo es triste para todos con su misterioso poder evocador. Es la hora de los grandes dolores, de las lejanas evocaciones, de los ensueños luminosos y de los grandes pecados sentimentales. Todo el encanto se pierde cuando se analizan sus remotos orígenes. Es simplemente el temor del hombre primitivo ante las sombras nocturnas. Temor que con los años y la educación se ha transformado en un sentimiento de tristeza. ¿No es acaso la tristeza un temor impreciso? La aurora, por el contrario, nos causa cierta impresión de alegría, de confianza, da una sensación de vida. Es la misma que experimentó el hombre de Camstand, de Cro-Magnon y de Furfooz al ver que los peligros disminuían ante el paso triunfal del día.

La belleza primitiva no existió más que en dos cosas. En lo útil primero, y en el peligro después. El hombre se acostumbró a querer todo aquello que pudiera acrecentar su defensa contra la naturaleza. Los hombres de hoy conservan latente en la subconsciencia esa inclinación. Lo que antes era útil ha pasado con la civilización a ser inútil, pero la inclinación hacia ello queda siempre latente.

Los defensores de la tesis idealista buscarán en las creaciones modernas baluarte para defender su teoría, haciendo ver que muchas cosas bellas de hoy no existían en los tiempos remotos antes aludidos. Mas de esa observación se saca un postulado capaz de definir el origen de la belleza. Las cosas son bellas cuando cumplen ampliamente el objeto a que están destinadas, sea éste, o no, bello.

Un acorazado, dirán los idealistas defensores de la belleza natural, no existió en los tiempos antiguos, y sin embargo es bello para el hombre de hoy. Tal argumento viene a corroborar el postulado de la belleza utilitaria. El acorazado, rudo, compacto, formado de planchas de acero, de torres recortadas y anchas, con sus chimeneas negruzcas, sobresaliendo apenas de la gran armazón gris, hasta dar la idea de suprema fortaleza, es tanto más bello cuanto más esquiva la armonía de la línea y más se aleja de la variedad de los planos. Mientras más ruda y más gris sea la gran masa erizada de cañones, más bellamente imponente parecerá al espectador. Mientras más dé la idea de fuerza amenazadora, capaz de destruir rápidamente ciudades enteras, mucho más bello aparecerá a los ojos del observador.

Colocad después al mismo observador frente a un automóvil de carrera. Es una máquina ligera, corta, pequeña, sonora y trepidante, cuya belleza radica en su misma ligereza y en las cualidades que más faciliten el devorar millas y millas en pocos minutos. Y esa máquina, antítesis del gran acorazado, será bella también, siendo el mismo el observador.

La belleza del cisne está más que nada en el cuello curvo como una interrogación, mientras la del toro se encuentra en el desarrollo de los músculos acerados y potentes. El león fuerte y robusto, que da a la caricia del viento selvático la pelambre de su melena, tiene una salvaje belleza imponente. El tigre bello no es el escuálido gato gigante que se aburre en los jardines zoológicos, sino el de músculos ágiles y flexibles que se esconde en la selva. El león y el tigre no son de utilidad, pero son bellos cuando están preparados a cumplir su cometido sanguinario.

El hombre los teme y los encuentra bellos cuando representan un peligro cierto. Vistos entre el enrejado de las jaulas pierden su salvaje belleza, todo, porque no pueden cumplir lo que las leyes de la naturaleza han determinado que ejecuten.

Si estos ejemplos no fueran suficientes, basta investigar ligeramente en la historia de los estilos arquitectónicos tanto antiguos como modernos. Se verá siempre una estética derivada de la utilidad. El estilo primitivo de Egipto, India y Caldea, fuerte, amplio, severo y macizo, con sus columnas de base ancha y de poca altura, que forman edificios amplios y sombríos, no es así por una simple razón de belleza. Es la tendencia a la humedad, a evitar los rayos del sol, en todas esas regiones muy caliente. La forma piramidal de los techos orientales, que dan al edificio una apariencia de encantadora ligereza, son simplemente una defensa contra la lluvia; basta observar que a medida que van siendo secas las regiones, va disminuyendo la agudeza del techo. No es, pues, la construcción oriental, como se pensaba en un principio, la imitación de las tiendas de campaña de los antiguos tártaros, sino una defensa contra la naturaleza. El estilo dórico, característico del arte griego, sólido, elegante y sobrio, y en el que preponderan las columnas, no es así por razón estética.

Los griegos que tomaron su arte primitivo de los países orientales modificaron los techos, sustituyendo la madera por la piedra, más segura y más duradera. Fue, pues, necesario aumentar el número de columnas y agrandar la base de éstas para que pudieran resistir el peso de la piedra. El arte llamado cristiano fue en sus primeros tiempos de extrema sencillez por la falta de recursos monetarios. Obsérvese cómo a medida que la religión adquirió preponderancia en Europa, el arte se complicó tendiendo al lujo llamativo, en inútil alarde de riqueza, llegando al máximo de suntuosidad al principio de la Edad Moderna, cuando la Iglesia dominaba toda Europa. El arte medioeval, anguloso, de sólidos muros, y altas torres afianzadas en aspilleras, es producto real del feudalismo. Los muros altos y las torrecillas múltiples constituyen, simplemente, la defensa contra los asaltos. En el mismo arte arquitectónico moderno se notan diferencias notables según los climas. Todo lo que viene a corroborar el concepto estético sostenido al principio: «Las cosas son bellas cuando cumplen ampliamente el fin para que fueron construidas».

El concepto de belleza en la raza humana es de todos el más arbitrario y el que más se presta a un estudio detenido, del cual nacerían poderosos argumentos para defender el origen utilitario de la belleza. Está demostrado que en la familia humana, como en todas las familias, el sexo masculino es más bello que el femenino.

Las líneas del hombre son más armoniosas, las formas menos desarrolladas guardan unas con otra más relación que en la mujer. Si la estética fuera la armonía, el hombre sería el tipo humano de belleza. Mas la educación nos ha hecho ver en la mujer algo superior a nosotros en cuanto a belleza se refiere, y ha quedado arbitrariamente consagrada. Dentro de ese error no existe una definición exacta de lo que es bello. Mientras para unos es bella la mujer de líneas poco llamativas, esbelta y ágil, para otros es la de proporciones amplias, fuertes, bien preparada para la maternidad. Sabemos que en ciertos pueblos salvajes los hombres se disputan las mujeres obesas, mientras en oriente el tipo deseado es el de pequeñas proporciones.

El amor no es lo que vió el romanticismo del viejo Hugo: «la reducción del Universo a un solo ser y la aproximación de ese ser hasta Dios». Es algo de origen más positivo, como lo explicó la clara visión desencantada de Ebing: un medio del que se vale la naturaleza para que subsistan las especies. No radica en la belleza. La armonía y la gracia nos acercarán a la mujer, pero sin hacer que la amemos. El amor vendrá después, al compenetrarnos con ella, y lo que para muchos es producto de la belleza, es sólo consecuencia del egoísmo humano. No vemos en la mujer, cuando la amamos de veras, la cara más o menos perfecta, o el cuerpo de mayor o menor elegancia; se busca intuitivamente la compañera capaz de ayudarnos, el refugio sentimental de nuestra vida, el último baluarte en que se encerrará nuestro idealismo siempre en contradicción con el positivismo de la sociedad y de la vida. Buscamos en la mujer no la belleza, que es mera consecuencia del cariño, sino el medio de encontrar una prolongación a través de los años. La mujer nos da con los hijos algo así como una visión de inmortalidad, una esperanza de no dejar de ser absolutamente, y al encontrar en ella condiciones propicias la amamos, aunque ignoremos todo ese proceso subconsciente.

Schopenhauer, que fue sin duda un gran equivocado, acertó a veces. Tal el caso en que explica el amor de la mujer al hombre. Es la defensa contra la sociedad, el descanso material de la vida, y lo encuentra bello cuando ve en él fortaleza y robustez, es decir, lo que puede derivar en hijos fuertes y sanos.

Todo esto es duro de creer y es al mismo tiempo amargo. Los poetas, y con los poetas las mujeres, repudian todas esas investigaciones que hacen materialidad de lo que tienen por sublime don del cielo. Para esos amables soñadores que hacen grata la vida con su canto, el amor es algo divino, en el cual no deben inmiscuirse la psicología y la investigación. Es muy natural porque, como ha dicho France, el poeta canta desconociendo las leyes que rigen los motivos que lo inspiran, y como tan pronto le fueran conocidas dejaría de cantar, más vale hacer que siga ignorándolas. No digamos nunca a un poeta que el amor es algo análogo a la selección natural de Darwin y Lamarck, porque ellos y nosotros perderíamos mucho.

La belleza de la mujer no existe. Es nuestro corazón el que, a modo de escultor, la moldea y forma en nuestro ser interno. La Venus de Milo, que se muere de sombra entre las paredes grises del Louvre, será deforme para un hotentote o un zulú, amante de las formas vastas y desproporcionadas.

Queda a los defensores de la belleza natural un último punto de defensa: la obra literaria. ¿Por qué es bella una obra para todos los lectores, si no existe un interno medio de comparación? La explicación de esto es más fácil que todas las anteriores. La obra literaria es bella cuando, como todas las cosas, cumple ampliamente el objeto para que fue escrita, que es, según el sentir moderno, copiar la vida.

La dama de las Camelias que inmortalizó a Dumas es y será, durante muchos años, un hermoso alarde de belleza artística. Margarita Gautier, flor de estufa parisina, salpicada del lodo triste en su vida alegre, no es una mujer que se muere de tisis y de tristeza. Es la mujer, el alma colectiva de todas las mujeres, a quien rechaza la sociedad, y que según Manclair, odia a todos los hombres menos a uno. Cada una de esas mujeres perdidas para la sociedad, que arrastran pesadamente una existencia gris, lleva dentro íntimamente una Margarita, llora con ella, porque ve una vida que fue como la suya, caminando paralelamente al dolor la vergüenza.

Emma Bovary, la erótica burguesa de Gustavo Flaubert, vivirá mientras la sociedad se asiente en las mismas bases de hoy, porque él llevó a las páginas de su obra no a una burguesa, sino a toda la burguesía femenina de todos los tiempos. J. K. Huysmans vivirá tediosamente durante muchos años en el corazón de los hombres cansados, porque D'Eissentes es el espejo de todos los que se aburren en el monótono devanar de la vida. Goethe hizo de Fausto un *resumé* de la humanidad sedienta de vivir lo conocido y capaz de ceder lo ignorado a cambio de lo que positivamente conoce. Cervantes no hizo el Quijote de un molde imaginario, sino que lo tomó del alma de su tiempo. El hidalgo manchego es toda la España de aquel siglo, que lanza en ristre, soñadora e impenitente, se lanzó a la magna locura de la conquista.

Todas esas obras literarias, que han quedado como modelos clásicos de belleza, son la copia fiel de la vida de su tiempo. El hombre se ha visto en ellas como en un espejo, con todas sus bellezas y todos sus defectos. Fueron hechas para mostrar grandes verdades, y cuando cumplieron su objeto quedaron consagradas. *Los Miserables*, de Víctor Hugo, no se cita entre las grandes novelas del siglo XIX precisamente porque no llenó el objeto para que el fue escrita. La humanidad es mala, y el Dios romántico pretendió hacerla buena y sentimental. El fracaso haciendo que la obra no llenara el fin preconcebido es la razón del olvido.

El arte, manifestación de la belleza, es un producto dual de nuestro espíritu con el medio en que actúa. No tiene un modelo, sino infinidad de ellos, según el tiempo y el medio. No existe, como pretenden los idealistas, defensores de los conceptos naturales, sino que es un producto de la evolución como las cosas materiales, y como todos los conceptos. Es bello lo que es útil en la vida moderna o lo que lo fue hace miles de años, y su sola definición es esta: *Las cosas son bellas cuando llenan ampliamente el fin para que están destinadas, o cuando tuvieron utilidad en la vida primitiva de la familia humana.*

La filosofía del porvenir [1923]

En este fragmento filosófico claramente concebido y escrito, un joven escritor cubano condensa algunas cuestiones llenas de interés relativas al problema del conocimiento y al futuro de la ciencia. Su conclusión será pesimista y poco grata para quienes albergan exageradas idealidades para el mañana, pero está llena de verdad y es un índice de efectivos peligros para el pensamiento humano. Con este artículo iniciamos una serie de publicaciones científicas y filosóficas destinadas a ampliar el radio de acción espiritual de nuestro periódico y a llamar la atención de nuestros lectores sobre la apasionante actualidad de estos temas de permanente interés. La humanidad está en crisis. Un desconcierto formidable reina en todos los campos de la ciencia y de las artes. La literatura se renueva y se orienta en una dirección aún difícil de prever. La filosofía trata de buscar nuevos caminos. La desorientación reinante es sólo comparable a la que dominó el pensar del siglo XVIII cuando Hegel por una parte hacía triunfar el romanticismo mientras Diderot soñaba con una filosofía científica. Entonces el intelectualismo preparaba el advenimiento de la Revolución, que nació del desconcierto. Hoy, a más de un siglo de distancia, las circunstancias se repiten con una extraña analogía, y no es ilógico pensar en resultado muy parecidos.

Los cimientos sociales están en quiebra. Una aurora se apresta a brillar iluminando nuevos espectáculos. Una gran revolución amenaza al Mundo. Si de la revolución del siglo XVIII nació el positivismo, ¿qué nacerá de ésta? Hacia ello iremos. Todo cambio social en la familia humana determina inmediatamente un cambio de apreciación respecto a la filosofía. La toma de

Constantinopla originó una modificación radical en el arte y en la filosofía continental. La revolución que prepararon los enciclopedistas fue algo más que el triunfo de los derechos de la razón. Hoy se vislumbra en lontananza, no tan lejos que estemos fuera de su influencia, un nuevo cambio. A los sociólogos de fines del pasado siglo y de principios de éste corresponde el papel de apóstoles de una fe nueva. A nosotros quizá nos aguarda el más complicado y menos glorioso de llevarla al triunfo. La psicología pasa por una nueva crisis.

El wuntismo fracasa como tantas otras orientaciones. Frente a la labor experimental de Binet, Watt reclama en Alemania la libertad de abandonar los antiguos cánones tratando tal vez de crear una nueva metafísica. La biología que en este siglo avanzó notablemente llega quizá al punto en que se inicia la crisis. El campo experimental, cada día más amplio, abre al mismo tiempo nuevos caminos a la especulación. Cuando todas estas tendencias se condensen en una sola y la orientación del pensamiento y de la investigación sea una, ¿qué camino tomará la filosofía? Ya dijimos al comenzar este trabajo que nada hay más incierto que anunciar cómo será y qué rumbo tomará el pensar de una época posterior a nosotros. Mas demos por cierto que a causas iguales corresponden idénticos resultados, y arriesgándonos un poco, expuestos a fracasar, entremos en el campo vacilante de las suposiciones.

En el estado actual de la ciencia, ¿puede suponerse que el hombre se resigne a lo que ella dicte para explicar todos los problemas? Seguramente no. La curiosidad humana pretende inútilmente conocer el sentido de cosas y hechos, velado al conocimiento objetivo. Por mucho que la biología adelante, por satisfactorias que sean sus hipótesis explicando el fenómeno de la vida, queda siempre, y persistirá seguramente, un punto oscuro que sólo puede llenar la filosofía. Según el procedimiento hasta hoy imperante, la deducción filosófica parte de allí donde termina la experiencia científica. Mas siempre queda una laguna que la ciencia no es capaz de llenar y que resulta poco precisa para que de ella parta la reflexión filosófica. Por otra parte, hay problemas que subsisten a pesar de la investigación científica. La biología, que tan maravillosamente ha explicado ya los fenómenos de la sensibilidad, no prueba nada en contra del espíritu. Las viejas teorías de los animistas y de los vitalistas viven aún.

¿Qué es el espíritu? El hombre de ciencia lo define como un conjunto de sensaciones; el espiritualista, en tanto, considéralo como causa de la vida. Eternamente quedará indemostrada tanto su existencia como su no existencia. Por ser un caso de mera interpretación, cada cual la considerará según su punto de vista. Es verdad que en esta lucha la ciencia cada día gana más terreno, pero ¿implica ello que llegue al límite? El metafísico espiritualista no podrá nunca mostrarnos el alma; mas tampoco el materialista, que la niega, podrá demostrar su no existencia. La filosofía actual depende del laboratorio, pero ¿seguirá así? Hay que pensar que lo experimental reduce cada día su campo mientras abre nuevas fronteras para él impenetrables. Según esto, ¿hay que aceptar la hipótesis conciliadora de Ingenieros? La filosofía del mañana, ¿será como él explica «una metafísica basada en la experiencia»? Es posible, mas no seguro. De la reacción del pensar futuro sobre el pensar moderno puede brotar una modalidad filosófica opuesta a la de hoy. Las reacciones son, por violentas, opuestas siempre a aquello sobre lo que reaccionan.

El positivismo fue la reacción sobre el romanticismo, es decir, su antítesis. ¿No es, pues, lógico pensar en que la reacción sobre la filosofía científica sea una metafísica pura que esquive la experiencia? En el fondo de las cosas hay más problemas inexperenciales que sometibles a la experiencia, y así lo reconoce

Ingenieros, y esos problemas, ¿pueden explicarse sin procedimientos metafísicos? Es difícil, y de esa dificultad precisamente ha de nacer la nueva forma. ¿Volverán los filósofos del mañana al puro romanticismo fichteano? Seguramente no. La educación moderna desecha la exagerada libertad de suponer sobre bases inconsistentes sistemas indemostrables, mas ¿implica ello que persista la filosofía científica? Tampoco. No hay disyuntiva, como a primera vista creemos especulación científica. Tal vez una nueva división. ¿Surgirá una nueva metafísica que se ocupe de los problemas para la ciencia impenetrables? ¿Por qué no? La ciencia abandona los problemas del conocimiento absoluto. Sólo investiga relaciones en el espacio y en el tiempo, en el Intervalo relativista. La metafísica ha de investigar en las regiones máximas del conocimiento, en aquellos problemas que la experiencia no puede abarcar. Mas esta metafísica del porvenir no tendrá seguramente el carácter dogmático de las viejas metafísicas. Será, como nos asegura Ingenieros, «un sistema en formación continua».

No porque la ciencia sirva de freno a la afirmación dogmática, sino porque la experiencia nos ha enseñado que nada hay definitivo en el campo de las suposiciones. Einstein, con sus teorías de la relatividad, ha abierto a los filósofos del futuro un campo extenso. Nos ha demostrado el problema de lo absoluto y ahí se ha detenido para dejar que los metafísicos investiguen. En Alemania una nueva escuela psicológica comienza a explicar los fenómenos con la hipótesis del alma inmortal. Tornaremos otra vez a investigar. Una vasta perspectiva para los pensadores modernos, que de nuevo han de enfrentarse con el problema que el intelectualismo parecía haber eliminado. Y siempre, sobre todos ellos, imperioso, sugestivo y atrayente, provocando polémicas, Dios, de quien un poeta nuestro dijo con razón que es el monosílabo de la filosofía. Siempre habrá ateos y siempre habrá creyentes. El monismo que intenta eliminar a Dios no logrará demostrar su inexistencia. Mas tampoco los teístas probarán nunca la existencia de ese ser supremo. Mientras subsistan esos problemas, y hay que pensar que subsistirán siempre, la metafísica llenará largas horas en la vida humana. Lo que sí es probable que por obra del practicismo contemporáneo cada día sea menor el número de metafísicos. La vida contemporánea esquiva la reflexión honda... Hoy se piensa menos y mucho más ligeramente que hace dos siglos. Un nerviosismo enfermizo se adueña de nuestra existencia, impidiéndonos pensar serenamente, y cada día el número de hombres que piensan por sí mismos es menor. Se prefiere aceptar ideas ajenas para no tener el trabajo ingrato de formarse ideas propias.

Así irá muriendo la sed de conocer lo que no es práctico, por estar muy lejos de nosotros. Y cada día el hombre sabrá más cosas útiles y se ocupará menos de las investigaciones que sólo conducen a satisfacer su curiosidad. En el tinglado de la filosofía se prepara un cambio de decoración que marca un acto nuevo. ¿Será el último? Están en la escena un hombre de ciencia y un filósofo. El diálogo es monótono y el público no siente gran curiosidad. El filósofo y el hombre de ciencia se alejan y salen por una lateral. Tras ellos, taimado y caminando con cautela, un personaje nuevo, desconocido y burdo, que lleva en la mano un paquete de monedas, los observa curioso. Sonríe, y como el héroe de la comedia de Porto Riche, murmura por lo bajo: «¡Un día vendrá!». Ese personaje extraño y que ha logrado interesar al público es el practicismo.

Un día vendrá en que con su paquete de monedas de oro domine al hombre de ciencia, comprando sus trabajos, mientras el filósofo se verá obligado a buscar otro oficio más lucrativo.

La novia de Iván [1924]

Iván era un estudiante. Por eso, por ser estudiante y más que nada por ser ruso, Iván era un rebelde. Y como rebelde y por estudiante y por ruso, Iván vestía pobremente. Y era triste. Todos los estudiantes, cuando son rebeldes, y visten mal o son rusos, tiene fatalmente que ser tristes. En invierno Iván sentía que por los zapatos deshechos se le colaba el frío en forma de punzada que dejaba en sus pies sucios huellas rojizas. Y sentía también como por el cerebro se le colaba en forma de conceptos la rebeldía de los libros.

Y nuestro héroe era un poeta. No había escrito jamás versos, pero era un poeta. Conocía la poesía sutil y enigmática de no hacer nada y de pensar en realizarlo todo. Hasta la revolución, en la cual tomó parte, le había sorprendido. Su rebeldía fue siempre tan romántica que jamás pensó en serio en que la cabeza aristocrática y decorada por la barba recortada de un Czar cayera como venganza del pueblo oprimido, en un clamor magnífico y rojo que llevó temblores de tragedia a las estepas nevadas.

Y como Iván era poeta, era un hombre enamorado. Amaba, en verdad, más a la Mujer que la Revolución. Y para él la Mujer se llamaba Olga. Cualquier mujer en Rusia se llama Olga. De ahí que la novia de Iván fuera una mujer vulgar. Vulgar como el propio Iván que era ruso, estudiante y pobre. De estas tres cosas la menos corriente es ser ruso. Y hay en el mundo muchos millones de hombres que lo son.

Pues bien, Iván, que era revolucionario, difería de Olga. La novia del estudiante era conservadora. Todas las mujeres son un poco conservadoras y defensoras del Capital. Aman más el lujo que el trabajo. Y hacen bien. A los hombres, al mismo Iván le ocurría, les pasa lo mismo. Pero no lo dicen. Es que son más inteligentes.

Pues bien, un día Iván habló a Olga de los días magníficos del rojo advenimiento de la igualdad humana. No quiero –dijo– ser rico. La propiedad es un robo y la ganancia es un crimen. No, no quiero sino que todos seamos pobres. Tú y yo. También el Czar. Y todos los hombres.

–¿Entonces –preguntó Olga, que era rubia y tenía los ojos azules– todas vestiremos de seda, con pieles y joyas?

–No, para ese día blanco y maravilloso de fraternidad todas llevarán toscos sayales de paño. La Czarina igual que tú.

–¿Y tú trabajas por eso?

–Sí –dijo Iván, con esa firmeza triste de los rusos.

–No te quiero. No te puedo querer así.

–Está bien –respondió Iván el estudiante.

Y se fue por el camino todo blanco que se hacía azuloso de luna. Y así, caminando lentamente, con la cabeza baja llegó al puente. Sintió entonces que el frío se le adentraba en el cuerpo por los pies. Y sintió que el rostro se le quemaba. Era una lágrima que se había helado. Parecía una perla. O un garbanzo. Iván se la arrancó de la mejilla. Se asomó al puente y vio el río blanco. Dejó caer la lagrima. Dio varios pasos siempre con la cabeza baja.

Ante él el abismo se abría tentador como un consuelo. Allí podría olvidar a Olga. Y entonces Iván, loco de decepciones y lleno de tristeza… cruzó el puente y se fue a su casa.

Esta es la triste historia de Iván el estudiante ruso que era pobre, tenía frío y estaba enamorado de una joven rubia que se llamaba Olga.

La estudiantina pasa... [1929]

¡Alegre estudiantina de los días risueños,
que pasaste entonando nostálgica canción!
¡Salve, germinadora de todos los ensueños
que la vida ha truncado cual hórrido aquilón!
Feliz estudiantina que guardas el secreto
de vivir de quimeras y alentar la ilusión,
que en los catorce versos de un gallardo soneto
sabes dejar la vida y dar el corazón!
Pasaste para siempre; los hombres y las cosas
por sentencia fatídica se habrán de transformar.
Por ley fatal fenecen las más fragantes rosas
y vienen otras rosas el campo a perfumar.
La novia que quisimos en días de estudiante,
sus besos amorosos jamás nos brindará,
ni la caricia suave de su mano quemante
nuestras manos febriles a rozar volverá.
Errante por el mundo, hacia ignotas regiones,
sintiendo en el crepúsculo el alma de Chopin,
la triste caravana, nimbada de ilusiones,
recita quedamente los versos de Rubén.
¡Alegre estudiantina de los días risueños
que pasaste entonando nostálgica canción!
Salve, germinadora de todos los ensueños
que la vida ha truncado cual hórrido aquilón!

La Musa Mulata: sobre Nicolás Guillén
[1931]

Nicolás Guillén es la revelación. Él salva al mestizaje de la mediocridad de Gabriel de la Concepción Valdés y de la falsa exquisitez de tantos poetas que a través de los años han decorado nuestras antologías. Porque Nicolás Guillén es el primer poeta que la raza negra ofrece como un aporte rítmico y sonoro a nuestra lírica. Me diréis que hay un exquisito que se llama Regino Pedroso. Bien, pero Pedroso puede ser negro o blanco, chino o malayo. Su poesía es occidental y europea. Sus admirables *Rutas de Bagdad* no vienen de África. Saben a Banville o a Heredia. Me recordareis aquel pulido malogrado de José Manuel Poveda. Pero Poveda es un precursor de los ritmos de Francia que, si queréis, no nos habían llegado. Nada más, aunque agregaré, nada menos.

Nicolás Guillén, no. Nicolás Guillén es cubano en el fondo y en la forma. Es el primer poeta nuestro que descubre un ritmo, extrae una observación, crea una forma. Se aparta, por igual, de Francia y de España. No es ni Darío ni Chocano, ni Juan Ramón Jiménez. Es Guillén. Y cuando se trate de esbozar una historia de nuestra evolución lírica y muchos nombres caigan en el silencio, hundido en la mediocridad de la obra o en la pobreza de la creación, el nombre de Guillén quedará. Y con Nicolás Guillén el de su libro revelador: *Sóngoro cosongo*.

Y no penséis que Nicolás Guillén llega a «su poesía» por el camino que llegan, normalmente, los vanguardistas que se han revelado en los tiempos últimos: el afán de una forma nueva a toda costa. Su mérito, su genialidad, está en que la forma en él obedece a un proceso natural y a una lenta evolución interior.

Vio lo que muchas generaciones líricas no han visto: el alma criolla, mestiza, compleja, nueva. No ha inventado nada, sino que ha encontrado la forma de poner de manifiesto una antigua realidad y fundirla en forma tal que perdure, se mantenga y se alargue a través del tiempo. En Nicolás Guillén, todo es nuevo. Y, sin embargo, los temas son viejos, como que vienen del momento histórico lejano, en que la raza de los conquistadores se une, se mezcla y se funde con la raza importada de África. La mulata, la negra, la rumba, «Chévere», «Velorio de Papá Montero», «Negro bembón», «Quirino», «Secuestro de la mujer de Antonio». Veis que no hay un tema nuevo. Lo que hay es una pupila, un nuevo oído, una nueva tensión lírica. Ved este madrigal maestro:

> De tus manos gotean
> las uñas, en un manojo de diez uvas moradas.
> Piel,
> carne de tronco quemado,
> que cuando naufraga en el espejo, ahúma
> las algas tímidas del fondo.
> («Madrigal»)

Pero no es esta la forma más interesante en Guillén. El interés está, o en sus versos netamente mulatos, o en las audaces imágenes que se salen del vulgar alambicamiento a que nos acostumbran los avancistas de Jiménez Caballero. Tomad nota:

> Sólo dos velas están
> quemando un poco de sombra;
> («Velorio de Papá Montero»)

O esta otra:

La Musa Mulata: sobre Nicolás Guillén [1931]

Quemaste la madrugada
con fuego de tu guitarra
(«Velorio de Papa Montero»)

O esta, desesperada de sensualismo criollo:

Te voy a beber de un trago,
como una copa de ron;
te voy a echar en la copa
de un son,
prieta quemada en ti misma,
cintura de mi canción.
(«Secuestro de la mujer de Antonio»)

¿No hay en todo esto un poeta de originalidad extraordinaria? Es lástima que la crítica haya dejado caer casi en el silencio este libro revelador. Con él, de un salto, Nicolás Guillén se coloca a la cabeza de su generación, al lado de Rubén Martínez Villena.

Pero no penséis que todo es originalidad fría y pulida o simple captación del ambiente criollo, como el que palpita en sus poemas, ya bastante conocidos de «Me bendo caro», «Hay que tené boluntá», «Ayé me dijeron negro». Hay también la nota sentimental, expresada en forma un poco primitiva, en el lenguaje dificultoso del negro criollo, por ejemplo: «Sigue»...

Camina, caminante,
sigue;
camina y no te pare,
sigue.
Cuando pase po su casa
no le diga que me bite;
camina, caminante,

sigue.
Sigue y no te pare,
sigue:
no la mire si te llama,
sigue;
Acuéddate que ella é mala,
sigue.

O esta otra llena de recriminaciones, que se titula «Puente»:

Mulata,
puente de razas!
De la accesoria del negro
a la casita del blanco.
Orgullo
con los tuyos.
Y regreso –al final– cuando estés muerta!

Nicolás Guillén trata de adelantarse a una realidad cuando advierte en el prólogo de su libro, generoso en revelaciones, que en el espíritu mestizo que es el nuestro nos vendrá hacia la piel «el color definitivo». Y la poesía de ese color nuevo es la suya.

Conviene, sin embargo, discutir con el poeta. Quizá Guillén no se sitúa en el sitio que le corresponde. El «color cubano» que él presiente ha llegado en realidad hace muchos años. Se dice que nuestra cultura es europea, y lo es desde luego, pero sería anticientífico sostener que el elemento negro, entre nosotros, no ha modificado esa cultura. Hay blancos puros en Cuba, con arraigo de generaciones, con una blancura externa. Su espíritu es mestizo, como su hablar, como su pensamiento mismo. Bien lo dice Guillén al cantar el bongó.

Aquí el que más fino sea,

La Musa Mulata: sobre Nicolás Guillén [1931]

Responde, si llamo yo.
(«La canción del bongó»)

No conviven en un mismo territorio cuatro siglos, bajo el dominio de un gobierno extranjero, dos razas, sin unirse, sin compenetrarse, sin determinar un mestizaje espiritual, más firme, más hondo que el étnico. Gumplowicz ha escrito una obra admirable sobre este hecho, básico en la integración de las nacionalidades coloniales. Guillén, modestamente, cree que anuncia un hecho. La realidad es que ese hecho antiquísimo no había tenido, hasta él, un intérprete. Y el intérprete de un momento, de una raza, de una semicultura, se coloca, por el simple hecho de serlo, en un plano superior.

Y entre nosotros, sólo Nicolás Guillén ha creado y ha descubierto. Es, pues, algo más que un gran poeta. Es el poeta de Cuba, cuya musa es mulata.

Políticas

El Conde Tolstói [1921]

Cumplíase el 16 del pasado noviembre el décimo primer aniversario de la muerte del Conde León Tolstói, el gran apóstol de la Rusia nueva, de la Rusia futura que habrá de salir del actual caos político en que yace el antiguo feudo de los czares. Por una extraña coincidencia su nombre ha vuelto a ser de actualidad y su obra revolucionaria releída por muchos que ya casi lo había olvidado; la revolución que destruyó el secular poderío de la aristocracia más fuerte de Europa ha hecho que el nombre del Conde Tolstói adquiera otra vez la importancia que había perdido.

La revolución triunfante que enarbola hoy el sangriento color de su bandera sobre la blanca aridez de la estepa ha glorificado a Tolstói inconscientemente al aceptar en su Código Civil las ideas que el protagonista de la *La sonata de Kreutzer* expone en la primera parte de la célebre novela. Así como la Francia revolucionaria de 1793 aceptó la sociología volteriana, la Rusia de 1917 acepta y glorifica las ideas de su predecesor.

En la literatura rusa del siglo pasado y aun del presente tiene Tolstói una representación sólo comparable a la de Ibsen en los países escandinavos. Entre la pléyade de talentos fríos y analíticos que llenan este periodo su nombre es la representación más alta. Él ha sido el creador y el propagador de las ideas hoy triunfantes, el génesis de las nuevas apreciaciones y el maestro de la nueva generación, el árbol a cuya sombra secular han creído y fructificado los talentos áridos llenos de filosofía de Turgueniev y de Gorki, y de Gogol. Fue el iniciado y el apóstol de las nuevas doctrinas y sobre él debe caer gran parte de la responsabilidad en la gran catástrofe que lleva a Rusia camino del abismo.

Fue Tolstói un apóstol que hizo oír su voz en la inmensidad de la llanura, donde antes de su llegada sólo se escuchaba el aullido de los lobos. Tuvo unas grandes barbas patriarcales, una barba nevada como los viejos profetas bíblicos, y tuvo un gran corazón al par que un gran cerebro. En plena juventud se retiró al campo para hacer vida de anacoreta y meditar su obra futura. Rechazó los placeres que su dinero le brindaba, dejó la corte cuyas puertas tenía abiertas gracias a su título, y se fue lejos del bullicio, buscando la caricia del aire nevado, a predicar, a enseñar a los campesinos a preparar el advenimiento de Lenin como Rousseau había preparado en Ginebra el advenimiento de Robespierre. Hace años tuvo León Tolstói una gran preponderancia en todos los países. Su obra llegó a Francia y pasó de allí a España, poco después de pasar el nombre de Zola los Pirineos. *La sonata de Kreutzer* ha dado, con *Naná*, la vuelta al mundo, ejerciendo influencia en todos los países latinos, y alterando la base de muchas literaturas.

Más que un escritor raro fue Tolstói un novelista inquietante. Sus páginas reales tienen situaciones escalofriantes, relatos que hechos de mano maestra ponen en nuestro espíritu una dilacerante impresión. Las pasiones fecundas siempre en situaciones dramáticas forman el alma de la obra, mientras los altos problemas de sociología o de psicología colectiva sirven de centro al argumento. Tenía Tolstói una noción pesimista de la vida que, puesta en el alma de sus héroes, hace de ellos graves y decepcionados filósofos. Posdnicheff, uno de los personajes que juegan más importante papel en *La sonata de Kreutzer*, tiene algo de loco. Para hacerlo criminal e impulsivo aceptó Tolstói las teorías de Lombroso, por aquella época en boga y hoy en completa decadencia. Posdnicheff es un caso de «criminal nato». Esa impresión al menos me hace a mí, en el diálogo que sostiene en el ferrocarril con dos desconocidos. Es un tipo curioso y complicado, un desorientado que tiene extrañas teorías de sociología y de ética, es un tipo real aunque no vulgar y que para muchos es el mismo Tolstói, puesto que sus ideas convienen con otras por él expuestas anteriormente. No creo aceptable esa teoría a menos que se dé por cierta la afirmación de Castelar al leer *La sonata de Krutzer* –«Tolstói está demente»–, cosa que pensaron muchos de sus contemporáneos.

Ahora que han pasado los años con su bagaje de preocupaciones se reconoce que más que un demente fue León Tolstói un vidente. La Rusia roja, esa Rusia que deja morir de hambre a sus intelectuales, cambia los valores de su Código Civil en la parte referente al matrimonio y acepta como buenas las ideas extravagantes que puso Tolstói al hacer de Posdnicheff el héroe de *La sonata de Kreutzer*. Los años y la revolución han dado la razón a Tolstói, la mujer y el matrimonio son hoy en Rusia lo que Posdnicheff soñara hace cuarenta años.

De la palabra de Zarathustra [1923]

Nietzsche fue un anormal. En su caso el aforismo de Morel sobre el genio y las teorías de Lombroso sobre la patología mental tienen una exacta aplicación. Múltiples alienistas a partir de Hermann Turck hanse complacido en diagnosticar su degeneración, buscando en sus libros los testimonios de la demencia. Todos están de acuerdo en que el filósofo de Weimar padeció de una afección psíquica a partir de 1875, época en que por vez primera hubo de abandonar sus trabajos y retirarse a Suiza en busca de descanso. Hay en él todos los carácter que Kraff-Ebing atribuye a los «sadistas», y de continuo tropezamos al revisar sus obras en contradicciones y extravagancias que hace ver cuán anormal era el pensamiento del filósofo y cuántas fluctuaciones experimentó durante su vida, mas ¿guarda ello relación con su obra? La locura de Nietzsche, ¿altera en algo el valor de su producción? Para los que le combaten, Max Nordau por ejemplo, sí. Para los defensores, no. Si Nietzsche hubiese sido un hombre normal no habría trazado su sistema moral, ello está dentro de la más absoluta lógica, o al menos lo habría orientado en sentido opuesto, pero ¿significa esto que el filósofo no tenga razón?

Todo genio es un hombre que se aparta de la línea normal de los otros hombres, así que la anormalidad es carácter imprescindible en todo hombre superior. Un Dante equilibrado, un hombre normal, no hubiera escrito la *Divina Comedia*, como no es posible que Shakespeare hiciera reflexionar a Hamlet si el poeta inglés hubiera tenido la visión limitada de los hombres vulgares, como Cervantes no hubiera imaginado a Don Quijote, y como Goethe no hubiera creado a Fausto.

Nietzsche fue, no hay duda, un anormal. El doctor Hermann Turck nos da en su estudio sobre el filósofo un diagnóstico preciso y concluyente. Su propio egotismo, ¿no es, según Sorel y otras psiquiatrías, un signo de degeneración? Y precisamente en el triunfo del «yo» radica toda su moral. Ahora surge una pregunta: ¿qué valor tienen sus teorías? Concebidas por una mente en desequilibrio, ¿hay en el fondo de ellas un valor positivo? Sin ser tan adepto a Nietzsche como Brandes, como Hugo Keatz, como la mayoría de sus discípulos alemanes, sin pensar que hay en su moral la vara taumaturga a cuyo toque han de abrirse las puertas de la felicidad humana, creo que hay en el fondo de sus teorías una gran verdad.

La locura del filósofo en nada modifica el valor del nietzscheanismo. Cristo fue un atacado de delirio místico y sentó con la apología del amor una moral que durante veinte siglos ha orientado la actuación de la sociedad. El sentido común, el equilibrio, esas cualidades ponderadas en los sanos cerebros burgueses, ¿qué ha hecho? Byron ¿no fue un loco? ¿Es posible afirmar que la Revolución francesa fue un movimiento social regido por la lógica? El equilibrio no ha realizado nunca obra trascendental. Si Napoleón hubiera sido cuerdo no hubiera pasado de general; loco fue Augusto Comte y locura su «religión de la humanidad», y loco como ellos Federico Nietzsche, que hizo escuchar al mundo la voz opaca de Zarathustra.

No es necesario adentrarse en las veredas intrincadas de la metafísica pura ni plantear aquí el viejo y nunca resuelto problema del conocimiento, tan comentado en ontología, para probar que un cerebro como el de Nietzsche, que una mentalidad anormal, puede apreciar el justo valor de las cosas. El absoluto ha desaparecido, muerto con el idealismo del pasado, hoy, cuando el relativismo einsteniano se extiende en el campo del conocimiento y lo relativo abarca hasta la sociología, en pleno ocaso de la cosa en sí, tan ponderada por el maestro de Koenisberg, y cuando el no-yo de Berkeley hace mutis ante los nuevos valores; en nuestro siglo de filosofía científica, la palabra de Federico Nietzsche tiene un puro sabor de realidad y su moral se levanta sobre la multitud desorientada como un símbolo de fuertes promesas.

Hay que agregar que así como el cristianismo primitivo fue corregido, modificado y ampliado en tiempos posteriores, así la moral nietzscheana requiere un análisis y una revisión de valores. El *Übermensch* de Zarathustra no agitará sobre el mundo su yoísmo, pero el hombre del mañana será su hermano, y junto al Superhombre del ensueño demente se levantará la realidad del Superhombre que nacerá de la vida.

La cristalización del poema

Nietzsche es un filósofo desconcertante dentro de la filosofía alemana. No hay en él esa unidad ideológica que subyuga en Schelling, ni esa seguridad dogmática que encontramos en las razonadas afirmaciones de Kant, ni esa especulación segura y precisa que va mareando toda la producción de Lotzse. Dentro de las corrientes filosóficas que caracterizan la orientación de su época, sistemas organizados en una absoluta regulación de bases y de hipótesis, y en una total dependencia especulativa —monismo idealista de Fechner y realismo trascendente de Hartmann—, surge su filosofía como un alarde de absoluta independencia. Al razonamiento meditativo de sus contemporáneos opone sus afirmaciones absolutas y categóricas, sin razonarlas, sin justificarlas, sin valorar orígenes, dando por hechos probados lo que aún está circunscrito al terreno de lo hipotético y discutible, y de ahí que su aparición dentro de la filosofía alemana es inadvertida en un principio y rudamente combatida más adelante.

Los métodos de afirmación absoluta, el apriorismo en que muchas veces se basa, desconciertan a los profesores de filosofía moral, hechos al razonamiento y a las derivaciones lógicas. Nietzsche entra en la filosofía soberbiamente iconoclasta, combatiendo y desdeñando los viejos valores. «Un viento de borrasca que purifica el aire –dice Rulpe– y arroja de repente al suelo los frutos podridos y las marchitas hojas, sin hacer brotar ningún germen de vida»; en efecto, Nietzsche es, ante todo, un destructor de ídolos, un orgulloso cultivador de todas las negaciones, que antes de proponer sus valores pretende destruir los existentes. Junto al filósofo erudito que pasea su investigación por todas las filosofías, un admirable poeta, quizá el más alto poeta alemán de su tiempo. Bajo la capa de áspera sabiduría late un artista de sensibilidad exquisita cuyas voces no acallan las nuevas verdades que conquista su curiosidad. Sólo un caso hasta cierto punto análogo al suyo se presenta en la literatura alemana y es el de Goethe. Sólo que Goethe, más poeta que filósofo, logró dominar su dualismo mental y ser únicamente filósofo o únicamente poeta. En Nietzsche el caso es distinto. Tan poeta como filósofo tiene una sola personalidad que va desde *Canción de la melancolía* hasta *Así hablaba Zarathustra*, siendo indistintamente ya lo uno, ya lo otro. Y es esa confusión de valores líricos con valores filosóficos lo que más de una vez ha provocado ataques infundados de parte de sus comentaristas. Giovanni Papini afirma en *Il crepuscolo dei filosofi* que Zarathustra es únicamente un magnífico poema: «el mejor poema alemán, después de Fausto». Con esa afirmación del pensador italiano surge inmediatamente un comentario crítico puramente literario. ¿Por qué después de Fausto?

Vista la obra nietzscheana a la luz de una crítica imparcial y serena, ¿no ofrece mil relaciones que la igualan al magno poema de Goethe? Ambas representan dos posiciones encontradas frente al problema de apreciación de la vida. El viejo sabio es el pesimismo absoluto que niega a la existencia toda posibilidad de satisfacción y Zarathustra es la valoración opuesta. Fausto no vive, ni en la cumbre de Brocken, ni en la taberna de Auerbach, ni en los blancos brazos de Margarita, un solo instante al que pueda decir: ¡Detente! Por el contrario, se siente capaz de gozar ampliamente todos los momentos, y si no trata de detener el que pasa es porque sabe que tal empeño absurdo sería el fracaso de su optimismo y porque espera siempre que el instante venidero sea superior. Fausto representa un pesimismo trascendente, negador de toda felicidad; Zarathustra es la canción del optimismo afirmativo derivado de la satisfacción del instinto. ¿Por qué colocarlo literariamente en una posición de inferioridad injustificada? No es más amplia, ideológicamente, la concepción de Goethe que la de Nietzsche. En ambas hay un análisis de lo circundante, una valoración de posibilidades, una tendencia de realizaciones de igual valor conceptual. Fausto tiene el valor de lo original, que se compensa en Zarathustra con la superioridad de visión. ¿Dónde afirmar, pues, la inferioridad?

Acaso Nietzsche, al esbozar el plan de Zarathustra –épico y canto del instinto–, consiguió una suprema cristalización poética de su filosofía básica. Si esa idea vivió en su mente no hay duda de que guardó estrecha relación con la obra de Goethe. «El filósofo –afirma Faguet– viajó sin cesar con la gran sombra del poeta». De Goethe tiene Nietzsche la devoción ardiente por la Naturaleza, el escepticismo respecto al conocimiento, la inclinación a los temas amplios y humanos, y de su Fausto tomó seguramente la arquitectura monumental y la aspiración a un lirismo trascendente, que hay tanto en la voz cascada del doctor Fausto como en la ronca opacidad de Zarathustra.

Los cuatro libros de Zarathustra forman el resumen de la filosofía nietzscheana. El propagandista de la nueva fe es moral, intelectual y sentimentalmente el resumen de todo lo que Nietzsche va exponiendo en sus libros anteriores. Cristalizan en su lirismo todos los aforismos y todas las conclusiones expuestas secamente en la bibliografía del filósofo. De ahí que sea necesidad absoluta y perentoria al estudiar *Así hablaba Zarathustra* deslindar los valores poéticos de los filosóficos. La primera clase de valores aparecen desde el primer momento sin requerir una investigación. Es el poema de los días futuros, la canción a las bellas posibilidades, el elogio de la fuerza, los conceptos de una nueva estética, el propósito de destruir la concepción hamletiana de la vida negativa por un optimismo que cree la vida un fin en sí misma. Todo ello expresado con bellos símbolos fastuosos, en un derroche imaginativo, con una inquietud desconcertante que adora la paradoja. Eso es Zarathustra tras la primera lectura.

Pero hay en la obra un valor filosófico superior al poético, valor que no han querido apreciar, que han escamoteado, con artes de prestidigitador, los enemigos del filósofo. Hay que leer con amor e interés comprensivo las parábolas saturadas de verdad y extraer de ellas lo que vive en el símbolo. Es necesario buscar la pura ideología allí donde lo poético se mezcla con lo filosófico, y deslindar lo medular de lo que es simple medio de expresión. Y es eso lo que no han hecho los analistas apriorísticamente combativos, separar la exaltación del poeta de la meditación del filósofo. «Yo sólo creería en un dios que supiese bailar»– dijo un día Zarathustra. Y el símbolo, uno de los mil símbolos de Nietzsche, es coreado por homéricas carcajadas de quienes son incapaces de comprenderlo. ¡Un dios capaz de bailar! Y hay cruces en los rincones de penumbra y exaltaciones místicas ante la blasfemia procaz. Pero, ¿es que Nietzsche quiere únicamente sugerir la idea desconcertante? ¿No hay algo que late real en la afirmación burlona? ¿No es ese dios uno del mito pagano? Un dios que baila, es decir, un dios creador de placeres, fecundo origen de felicidad absoluta, brindador de júbilos, un dios, en fin, todo lo contrario del legislador del Sinaí. Vale más esa afirmación que aquel su gesto orgulloso, «Si hubiera un dios, ¿cómo soportaría yo el no ser Dios?», con que repite la atea declaración de Spinoza.

Es necesario hacer cristalizar el poema en una cristalización de verdades posibles. La filosofía de Nietzsche no está todo en él, como no todo lo que afirma es aceptable. Y me hago ahora una pregunta: ¿es que hay filósofo revolucionario aceptable en su totalidad? ¿Cuánto no ha sido necesario depurar en Hegel? Aun en Kant, el más armónico, el más sereno, el más filósofo de los filósofos, ¿no ha sido precisa una rigurosa depuración? Más aún: Rousseau, ¿es aceptado, en su siglo y posteriormente, tal y como se nos muestra a través de sus obras fundamentales?

El superhombre que necesariamente ha de surgir, hoy o mañana, no ha de ser exactamente el preconizado por Zarathustra. Esos fundamentos morales hay que depurarlos y fijar los términos de los valores exactos. En Nietzsche, cuando se le analiza bien y se penetra al fondo de su obra, no hay más que media docena de ideas fundamentales, en torno a las cuales gira continuamente su pensamiento. Y esas ideas son las mismas en *Mas allá del Bien y del Mal*, en *Aurora*, en *Genealogía de la Moral*, en *La Voluntad de Poder*, en todos sus libros, anteriores y posteriores a su obra fundamental: aquellas que convergen a fundar el superhombre. Toda la obra de Nietzsche es eso: la persecución de una moral superior en un hombre superior al actual.

II.

El «punto de vista social» ha sido por excelencia el punto de vista filosófico del siglo XIX. A partir de Augusto Comte todos los movimientos intelectuales se miden en relación a su valor social. La ética, la psicología, la estética, todo lo que representa una actividad espiritual queda sometido más o menos directamente a ese punto de vista. Así como para los griegos el hombre fue la medida de las cosas, la sociedad es entonces patrón que determina los valores. El punto de vista de ventajas sociales llega a ser así el único, como afirma en una honda crítica George Simmel. La sociedad adquirió dentro de la filosofía, en la crítica filosófica, un valor análogo al impreciso concepto de «naturaleza» en el siglo anterior. Afortunadamente para el progreso filosófico, esa excesiva importancia, íntimamente ligada al rígido positivismo comtiano, va desapareciendo a medida que el pensamiento se libera de las limitaciones positivistas. Ya con las nuevas corrientes que marcan los últimos lustros del siglo, todas relacionadas más o menos directamente con las teorías de Comte, el valor absoluto y único del punto de vista social se encuentra en un segundo plano que limita su importancia. Mas, como todos esos puntos a los que en una época se dio importancia excesiva, al extremo de que predominara sobre cualquier otra consideración, el concepto de sociedad es legado a las nuevas apreciaciones filosóficas con una confusión en cuanto a límites y relaciones que se refleja en una inestabilidad de valor, continuamente fluctuante entre principal y secundario.

Tal había ocurrido con la Naturaleza durante los siglos XVII y XVIII y con el concepto de Dios dentro de la corriente escolástica. Algo análogo está ocurriendo en nuestro tiempo con el valor filosófico de la experiencia científica. El que los límites de la humanidad coincidan con los de la socialización es motivo de que se les confunda y hasta que se usen indistintamente ambos términos, producto todo ello de la confusión a que aludía antes. Nietzsche es el primero que rompe esa identificación entre sociedad y humanidad. Frente a las ideas que todavía predominan en su tiempo declara que a él, como a Goethe, le interesa exclusivamente lo general humano, de manera que los problemas surgidos de la oposición del «yo» y los grupos sociales, o entre los grupos entre sí, son solamente provisionales y hasta indiferentes.

Para él la humanidad no vive más que en los individuos, en el individuo, oponiéndose con esto a la sociología positivista que considera al individuo como un componente del todo social sin valor en sí mismo. Mas no importan a Nietzsche los individuos en general, sino determinados individuos a los cuales no son iguales los demás, por lo que no hay que confundir esa posición con la del socialismo primitivo ni, aunque se preste a tal consideración, con un liberalismo individualista. A Nietzsche no le interesa la sociedad como tal, ni el individuo con serlo, es decir, todo individuo, sino únicamente aquellos en que el tipo humano adquiere una máxima potencialidad, un más alto grado cultural, una más determinada capacidad intelectual. Así la sociedad queda en su concepto reducida a pretexto para el advenimiento de esos hombres superiores, y la humanidad a un medio en que se desenvolverán las actividades de esos individuos. De ahí también que no sea carente de fundamento, como precipitadamente han insinuado muchos, la consideración que hace frente a los saintsimonistas de que cada cual debe hacer su propia felicidad, de lo cual ha de surgir infaliblemente la felicidad del todo. El todo en este caso queda reducido a la clase capaz de labrar su propia felicidad: los superhombres, que ostentarán en su escudo como lema el verso de Verlaine: *Sé tú mismo*.

¿Egoísmo? Nadie habrá de negarlo. Como derivada de la propia vida la filosofía nietzscheana es en esencia egoísta. El superhombre ha de vivir por sí y para sí, labrando su felicidad aun a costa de la dicha ajena. Saint Simon habría palidecido de indignación ante el aserto cruel. Así, a primera vista, hay razón para ello, pero tómense serenamente las afirmaciones de Nietzsche y compárense sus fundamentos de los principios de que se han derivado la moral de todos los tiempos y se encontrará en sus orígenes una analogía fundamental. Toda moral se basa indefectiblemente en el egoísmo, y toda acción moral es un paso a labrar la propia felicidad. Y si la personalidad ve limitados sus impulsos por la ética es en beneficio directo del individuo que se limita en su acción. La amoralidad nietzscheana despojada de sus exageraciones formales resulta, en fundamento, una moral superior desprovista del antimoralismo del que Nietzsche soñó de revivirla. El problema queda así reducido a una trasposición de dogmas mas no, aunque ello roce la paradoja, a una inversión de resultados. La moral del cristianismo y la de Nietzsche, opuestas en los conceptos originales que las fundamentan, difieren más teóricamente que en sus aplicaciones humanas. Y si el valor de la moral nietzscheana es superior, débese a que se organiza dentro de una cultura más amplia y sobre todo más moderna.

El cristianismo, que da a la vida un sentido trascendente, que adquiere con los tomistas el valor de una prueba moral, considera la existencia un bien, a pesar de sus dolores, y su pesimismo es más aparente que real. Si hay una recompensa ultraterrena que será más completa cuanto más se haya sufrido, ¿qué puede representar el dolor momentáneo? Nietzsche, en tanto creía con su tiempo que la vida es un fin en sí, necesitaba fomentar una moral capaz de trasmutar en optimismo la consideración eminentemente pesimista que de ello se deriva.

El cristiano puede resignarse a todas las limitaciones, ya que espera verlas recompensadas ampliamente, y el nietzscheano, por el contrario, sabe que todo termina con el equilibrio biológico, de donde cada cual procede y actúa acorde con su propio interés, que es en ambos el mismo: la felicidad y la justificación de la vida.

Para afirmar esa moral que, como he dicho, es un producto de la apreciación de la vida como un fin en sí misma, acude Nietzsche a lo que llama «el sentido de la tierra», condensación a veces lírica de la filosofía evolucionista que en esos momentos proclamaban las escuelas francesas e inglesas que partían de Spencer. La filosofía del «eterno retorno», que Zarathustra expresa poéticamente –«Todo pasa, todo vuelve, es eterno el rodar de la existencia»–, y que tiene en Nietzsche las apariencias de un budismo materialista, no es más que lo que Le Bon extrajo del laboratorio en sus investigaciones sobre la radioactividad y lo que Spencer propuso como explicación al cognoscible de su filosofía evolucionista. Se ve en esto el interés de Nietzsche en organizar la nueva moral en relación a las nuevas apreciaciones de la vida, desligando los dogmas de sus antiguas dependencias. Esa tendencia, que se inicia en Kant y representa uno de los más importantes problemas planteados a la consideración de las escuelas filosóficas, se inclina dentro de las filosofías latinas del siglo pasado a una explicación biológica, en tanto que allende el Rhin se trata, fuera de Feuerbach y los naturalistas, de explicar el problema siguiendo una metodología decadente. Y si los latinos –Comte, Renouvier, Fouillée– brindan a Nietzsche un método, él devuelve a las orillas mediterráneas la nueva moral que ha de poner al superhombre «más allá del Bien y de Mal».

Es en este punto quizá en donde más se manifiestan las diferencias entre Nietzsche y el temperamento alemán. Mientras sus métodos y sus conclusiones le colocan frente al espíritu germano, saturado todavía de mil reminiscencias metafísicas de las que ha de surgir más adelante el wundtismo, hácenle coincidir con la filosofía latina de la que, como he dicho, toma innumerables ideas y puntos de vista, todo lo cual ha de manifestarse en una abierta influencia de sus ideas dentro del espíritu que las fomentó. Porque si es cierto que la idea de superioridad cultivada por Nietzsche culminó en Alemania en el ideal de la superación, no se puede afirmar lo mismo respecto del superhombre. ¡No! El superhombre de Bélgica es una criminal parodia del que ha de devenir algún día. Puede significar una posición antimoral, mas nunca una concepción precisa asentada en dogmas nuevos, como exige el advenimiento del tipo de Nietzsche.

III.

Ahora, en la trabazón de la nueva cultura que se organiza, los puntos fundamentales de Federico Nietzsche se aproximan a una definitiva cristalización práctica. Lo débil va siendo aniquilado para dejar libre paso a lo fuerte, y lo viejo que es débil cede su puesto a lo nuevo. El himno al «yo» se ha convertido en fuerza motriz que impulsa toda actividad caracterizada por la tendencia a imponer la personalidad individual al conglomerado social. Hay pueblos vasallos y pueblos dominadores, y la acción guerrera se mantiene presta a justificar esos sometimientos y esas imposiciones. Cierto es que aún mantenemos como vivos determinados valores del pasado y que ello demuestra hasta cierto punto la imposibilidad social del superhombre nietzscheano, pero ¿esta moral que se organiza ahora no es propicia a Zarathustra? Esta hora de hoy, hora de destrucción y de imprecisiones morales en que las aristas de la vieja construcción ética hanse limado al paso de la vida, ¿no ha de ser propicia al advenimiento del superhombre?

Las nociones metafísicas fundamentales del bien y del mal son consecuencias de la vida social que han tomado el carácter de nociones absolutas, cosa que sucede en todos los caracteres adquiridos que sobreviven a la causa de que provienen. Son valores relativos derivados, no de un dictado ajeno al hombre, sino provocados por la vida en común. Un hombre que viviese aislado, aunque fuera dentro de la misma Humanidad como es el superhombre de Nietzsche, no tendría más que lógica e instinto de conservación y no vería perturbada su actuación por la idea del bien y del mal. Lo que se llama conciencia moral es sólo la capacidad de distinguir entre lo que beneficia y lo que perjudica a los demás, y ¿qué es, juzgando positivamente, esto? La determinación de lo que es bueno y lo que es malo, no para los demás, sino para nosotros. Es un egoísmo que hipócritamente disfrazan de bondad los moralistas. Todo altruismo absoluto es enemigo de la vida, y el instinto, orientador de toda actuación, se opone a su existencia. La exageración de la conciencia moral no puede traer como consecuencia –afirma Le Dantec– la supresión del egoísmo indispensable para la conservación de la vida. Si la vida es un fin en sí misma, el hombre debe gozarla y para ello no debe pensar más que en sí mismo. ¿Por qué mantener un pasado y defender un porvenir que no han sido, que nunca podrán ser suyos?

Se podría argüir con Littré que esto ha sido siempre así, y que en el fondo de las actuaciones humanas el egoísmo ha sido la razón poderosa que ha dominado a todas las demás. Sin duda que siempre, aunque hasta cierto punto, se ha procedido de acuerdo con este canon egoísta, pero tal actuación no se ha llevado nunca a la filosofía moral. Acaso los actos no han de ser modificados en principio, sino que exigen un cambio en su valor original y una inversión en su posición ética, alteraciones que no modificarán gran cosa las consecuencias.

Llegamos con estas conclusiones a lo que es quizá el punto más importante, el eje, de las teorías renovadoras de Nietzsche, el valor de los dogmas. La existencia del dogma, imposición de una verdad absoluta, está fuera de la consideración del superhombre que sólo cree en sí mismo. Su colocación «más allá del bien y del mal» le pone, por fuerza, fuera de todo dogmatismo, más allá de toda determinación prefijada, y no hay para el más determinante que la de su personalidad, llamada a distinguir, de acuerdo consigo misma, entre lo que es bueno y lo que es malo.

La teoría de Ingenieros, defensor de una moral *adogmática*, es sólo aplicable en los hombres superiores. Para aquel que vive consciente de su importancia en el grupo social y que sabe distinguir entre lo que conviene y lo que perjudica a su personalidad al desenvolverla socialmente, que sabe medir el alcance de un acto que ha de reflejarse más tarde o más pronto en su vida, la existencia del dogma ha de ser indiferente. En cambio, para las mentalidades inferiores, ojos a ras de la tierra, conciencias esfumadas, voluntades débiles, el dogma es de necesidad perentoria y absoluta. El criminal vulgar es un hombre puesto fuera del dogmatismo ético y sin capacidad distintiva entre lo que le conviene y lo que le perjudica. Por eso es necesario, de una parte, la libre valoración de los actos, efectuados de acuerdo con la conciencia individual, en las mentalidades superiores, y de otra, el dogma cerrado, fuera de interpretación, que ha de regir el proceder de la mayoría. De ahí que el cristianismo, el catolicismo más exactamente, es necesario en toda sociedad preparada al advenimiento de hombres superiores que la justifiquen. A él le corresponde orientar la vida moral de las agrupaciones, dictarles sus deberes y sus obligaciones mientras el grupo superior, muy reducido, interpreta y actúa de acuerdo con su interés y siguiendo lo que el instinto dicta a la personalidad.

IV.

Cuando se ha penetrado el temperamento germano se comprende, si no el latinismo de Nietzsche, por lo menos su «no germanismo». Al repasar la producción alemana de todos los tiempos y en todos los sentidos se ve que nada hay más difícil de adaptar al espíritu del filósofo que el temperamento de su pueblo. Pudo Alemania, pese a lo que en contra de esto han afirmado muchos, aceptar hasta cierto punto las ideas de Nietzsche, olvidando los dicterios que más de una vez tuvo para ella, mas, ¿implica esa aceptación un grado igual de comprensión? El pangermanismo necesitaba un filósofo que no podía ser Hegel ni Kant, y los intelectuales del Imperio, a pesar de Treitschke y de Bernhardi que no creían en él, hicieron del nietzscheanismo una bandera. El pueblo de metafísicos necesitaba –afirma García Calderón– un filósofo de su política. Este es el papel de Nietzsche en la cultura moderna de Alemania.

El temperamento germano difícilmente puede penetrar a Nietzsche en lo que es característico en él. A la vibración latina que consideran ellos superficial oponen su profundidad, no tan efectiva a veces como en apariencias resulta, y tienen para ello la mediación de un idioma áspero y sintético en el que cristalizan las ideas con pureza inalcanzable en nuestros idiomas latinos. De otra parte una imaginación limitada y una abierta inclinación hacia las especulaciones románticas, que tienden siempre a desligarse de lo cercano, han hecho de ellos, de sus representativos, el baluarte de la metafísica en todos los tiempos y el refugio de los absolutos cuando en determinados momentos ideológicos esos valores se encontraban en quiebra. Orientado su pensamiento por filósofos característicos, es explicable su devoción por los temas de amplitud audaz aunque estén desligados de pruebas formales, como también se explica su recelo de todo cuanto se aparte del dogma aprendido. El germano, hablo en términos generales, pudo comprender el concepto esencialmente «agonal» y «trágico» de la vida que hay en la filosofía de Nietzsche, pero difícilmente llegará a explicarse cómo ese nihilismo dionisiaco, en vez de dejarse abatir por la visión del eterno sufrimiento humano, como en el caso de Schopenhauer, encuentra en ese mismo espectáculo una causa de entusiasmo. Esa aceptación integral del destino que hay en Zarathustra, que ve la vida magnífica y cruel, fecunda y devoradora, podría ser aceptable para el germano, valorada por sus grandes pesimistas, pero trabajosamente pudo comprender que tales concepciones transfórmense por obra de la voluntad de vivir en un himno optimista y rebelde.

A pesar de esa poca comprensión y de los desdenes que para los suyos tuvo Nietzsche, y que ha servido a muchos para negar su influencia, sus ideas han ejercido fuerte presión en el pensamiento alemán. El profeta del superhombre que es admirado como un gran poeta, como un penetrante psicólogo, ha sido para muchos un iniciador de la vida del espíritu por rumbos nuevos para esos hombres del norte europeo. Sin embargo, ¿hasta dónde ha llegado esa influencia? ¿Hasta dónde está extendida y arraigada? No creo que se puede en ningún caso, y mucho menos de esta índole, determinar hasta dónde llega la influencia de un pensador en su pueblo. Alemania desaprueba en Nietzsche la intransigencia absoluta y esto se ve en su política interna anterior a la guerra, ve en él una demasía romántica en oposición a las corrientes wundtianas que dominan su filosofía, mas, por otra parte, acepta su nueva moral derivada de la vida y más de una vez exalta a su filósofo cuando se necesita preparar el espíritu de invasores de Bélgica. Por su propio temperamento, y ello se observa a través de la historia de su pensamiento, Alemania es poco «radical» en lo que se refiere al dominio espiritual y gusta siempre de mantener cierta analogía entre las ideas del pasado y las del presente, de donde Nietzsche resulta, hasta cierto punto, discordante.

Nietzsche tuvo una influencia grande y poderosa, de arraigo indiscutible pero como antes observé, duró muy poco tiempo como idea central. Hay un momento filosófico en que la desorientación del pensamiento solicitado por cuatro o cinco orientaciones diversas concluye en un naturalismo nietzscheano. Ese equilibrio se rompe pronto. La Alemania realista, tenaz en su esfuerzo hacia el engrandecimiento y la riqueza, intenta una nueva vuelta al idealismo, un remozar de la alta cultura, un deseo de justicia social. Pero ese movimiento de reacción contra el realismo utilitario de la segunda mitad del siglo no se desarrolla en mi sentir por el rumbo de las ideas de Nietzsche, aunque en el fondo ambos persiguen un mismo fin. Sin duda que el poeta de Zarathustra es un romántico en cierto sentido, un adversario del intelectualismo y, a despego de su ateísmo, una naturaleza altamente religiosa: «El más piadoso de los que no creen en Dios», como dice Zarathustra. Y en este sentido es Nietzsche un representante del nuevo ideado germano. Pero no hay que olvidar que no son románticas las doctrinas que sostuvo y alentó, no hay que apartarse de su credo recordando que ese romántico proclamó con todas sus energías y con una convicción apasionada el fracaso del romanticismo. Y la corriente intelectual de ese pueblo en los últimos veinte años –hablo de los intelectuales, no del pueblo en general– es de un idealismo vagamente místico. Al igual que en los comienzos del siglo, en la época goethiana, un soplo religioso disimulado alienta en *Campana perdida* de Hauptman y en varias producciones de Sudermann y de Rosegger.

Al credo anticristiano de Zarathustra se opone entonces la *Esencia del cristianismo* de Harnaek. La generación alemana que hace la guerra de 1914 es limitadamente nietzscheana y la atmósfera neoromántica en que se desenvuelve poco propicia a la difusión de un radicalismo anticristiano. Es por eso que Nietzsche, a pesar de su genio dominador, de su admirable nobleza moral y de sus verdades vivas, no es a los ojos de la Alemania moderna el gran profeta de otros tiempos. A la intransigencia radical del profeta del superhombre, a la filosofía «agonal», se prefiere el hermoso equilibrio intelectual, la apertura de nuevos caminos, los métodos más de acuerdo con los antiguos que han de marcar un renacimiento artístico y moral. Se aspira a un orden nuevo, un orden más estable en todas las esferas, y eso no podía darlo Nietzsche. De él sólo había que aceptar, y se aceptó, lo que podía redundar en beneficio del triunfo colectivo. Las últimas generaciones de Alemania fueron insinceramente nietzscheanas.

Mientras este proceso intelectual se desenvuelve allende el Rhin, muy otra era la evolución del pensamiento latino. Así como el espíritu germano representó hasta cierto punto una vuelta al espíritu del romanismo, con su estricto sentido de los hechos, disciplinado, práctico y expansivo, las corrientes latinas, agotadas las fuentes artísticas, inician desde hace tiempo una vuelta al paganismo heleno. Así se observa que, en esa aparente decadencia de Occidente, las dos culturas dominantes intentan una vuelta a su remota fuente ficticia, la antigüedad, sin que ello implique unidad alguna, ya que se actualizan de nuevo los valores opuestos de helenismo y romanismo. En este punto tornamos a encontrar la inactualidad de Nietzsche en el espíritu prusiano al mismo tiempo que le vemos coincidir con el sentir latino. Leconte de Lisle había blanqueado de nuevo los mármoles griegos mientras Guyau escanciaba el sentido de Epicuro. De ahí cómo, lustros más tarde, el nietzscheanismo, que no vive en la literatura alemana, se abre paso con Gabriel D'Annunzio, el pontífice de la gran secta, haciendo que más de una vez la palabra del superhombre se haga verbo en el yoísmo de un personaje de Barres, en la rebeldía social de Ferrento, el héroe de Da Verona y en el desconcertante Bradomín de Valle Inclán.

Y es que el espíritu latino ha llegado en el siglo XIX a ese estado intelectual y sentimental que marca una cultura. El ciclo de la civilización latina parece haberse cerrado con la convulsión de la guerra mundial, y se ha llegado al límite en que según Spengler se detiene el proceso cultural iniciándose el estatismo que precede a la decadencia. Es el momento del superhombre. Ahora como en ningún otro momento histórico el espíritu de los pueblos latinos es propicio a la cristalización del sueño nietzscheano. Así como la decadencia romana impulsa y precede la imposición del cristianismo, la decadencia occidental anuncia y prepara su fin. Todo ha contribuido a ello. Siglos de estudio y de proposiciones que cristalizan en un escepticismo lógico, experiencias que destruyen apreciaciones sentimentales, nuevos problemas nacidos al calor de la vida moderna, hecha de inquietud y de verdad, iniciaron una quiebra espiritual que ahora se completa.

Es la hora de Nietzsche. El poema magnífico ha cristalizado en verdad. La nueva moral que apunta es propicia a los hombres superiores. La apreciación de la vida, que se ha hecho esencialmente pesimista, requiere un esfuerzo que tienda a su justificación, y sólo por el camino de Nietzsche habrá de llegarse hasta ello. Aprendamos a bendecir la vida que sonríe en la boca roja de las mujeres y que tiene, si queremos, justificación en ella misma. La vida es bella para el superhombre y el momento es propicio. Si podemos, ¿por qué no hacer nuestro el doble símbolo de la serpiente y el águila?

Así hablaría Zarathustra.

La guerra, triunfo de Nietzsche [1923]

La Guerra Mundial, crisis de una civilización radicada y desarrollada en los últimos siglos, en el periodo histórico que se afianza en las primeras centurias de la Edad Moderna, planteó ante el mundo, con la desorganización social por ella provocada, el problema de una nueva moral radicada en principios acaso más olvidados que nuevos, moral que necesariamente ha de derivarse de las concepciones posteriores por esa desorganización colocadas en la nueva tabla de valores.

Federico Nietzsche, orientador importantísimo en la moderna cultura alemana y creador de la ideología que repartió por el mundo latino el espasmo formidable de la guerra, quedó encerrado en las fronteras del Imperio sin que sus voces tuviesen un eco abierto en las culturas no germanas. Apenas en el mundo del arte sus abstracciones tenían un reflejo débil las más de las veces. Fuera de la literatura, fuera del ambiente no ya intelectual, sino en la limitación de la producción artística ¿quién pensaba en él? Aun dando como sentado el hecho de que la orientación estética tuviera en sus múltiples fases puntos de contacto con sus prédicas, ello se circunscribía al ambiente literario, desligado en absoluto de la colectividad, y bien pudo, en limitado numero, creer en Nietzsche la aristocracia intelectual del mundo latino sin que tal hecho implique una aceptación de parte del espíritu popular.

Para que Zarathustra encontrara eco en las montañas latinas, para que las rebeldías anticristianas del loco profeta tuvieran repercusión, fue necesaria la guerra, la gran crisis de valores, el gran desconcierto moral, el agotamiento nervioso, la desorientación sentimental, el derrumbamiento de falsas verdades que trajo la guerra porque para creer en Nietzsche era necesario algo más que el estudio meditado de su obra y la vulgarización de sus conceptos; era necesario el ejemplo vivo, la herida sangrienta, el espantoso despertar de los institutos dormidos o semianulados que para la cultura mediterránea representó el fracaso de la ilusión pacifista. Pasada la efervescencia del primer momento nietzscheano, fuera de Alemania nadie pensó más en el filósofo de Weimar. En la lucha de largo tiempo entablada entre las ideas del viejo mundo había dos corrientes opuestas. De una parte la germánica, una de cuyas banderas, quizá la más alta, era Nietzsche, y de otra el renacimiento criticista, símbolo de la concepción latina. Contra el moralista germano iban todas las diatribas que se exaltaron en la cálida prosa de Fouillée.

La propia Alemania, encerrada en el loco orgullo de su cultura, continuaba orientando la filosofía y aparentando olvidar a Nietzsche vaciaba sobre las tendencias latinas las nuevas orientaciones de Wundt. Nietzsche había pasado. El débil grito de *Zuruck zu Kant!* (¡Volvamos a Kant!) que había lanzado Vaihinger en sus *Comentarios a la Crítica de la Razón Pura* tomó fuerza en Paulsen, provocando el renacimiento idealista —y como consecuencia, el olvido de la moral naturalista que Nietzsche y Feuerbach sembraron en la especulación ética de su raza. En Francia Boutroux y Bergson, dentro de personales orientaciones, alentaban esa corriente idealista que separa de un modo fundamental el nietzscheanismo de las demás orientaciones, todas hijas más o menos legítimas de Kant. En Italia Gentile desarrollaba las teorías de su maestro Spaventa y su hegelianismo poníalo en contacto con el idealismo de Croce. En España, en esos momentos un tanto retrasada al movimiento filosófico del mundo, predominaba aún la influencia germánica aportada a la península por Krause, y el idealismo derivábase en individuales apreciaciones con Unamuno, Ortega y Gasset,

D'Ors, continuadores de la tradición del maestro Giner. Tal era el espectáculo y la consideración que a la historia de la filosofía en este nuestro siglo ofrecían los pueblos latinos en la obra de sus representantes más genuinos dentro del momento a que aludimos.

Tal estado de cosas derivase acaso de una fundamental razón psicológica transformada en apreciación moral: en el fondo los pueblos latinos, en este caso los intelectuales latinos, sus representantes, no creían en la guerra. Pasado el conflicto de 1905, resuelto favorablemente a la paz, en apariencias desde luego, resultaba difícil aceptar las posibilidades de una guerra. En 1907 se alzó en La Haya la bandera blanca, que aun sin simbolizar una solución hizo crecer la esperanza pacifista alentando la ilusión tan querida de Hugo. En 1914, vivíase dentro del ensueño mientras en los cuarteles alemanes se hojeaba *Also sprach Zarathustra*. Al individualismo nietzscheano se oponían, particularmente en Francia, las corrientes socialistas, acérrimas enemigas de todo conflicto armado. En las universidades se proclamaba la santidad del derecho y en los convenios internacionales firmábanse compromisos en beneficio de los débiles. ¿Quién había de pensar en la guerra? Y anulado el problema de fuerza ¿quién podía pensar en Nietzsche? Una filosofía afectiva, y la de Nietzsche lo es al máximo, no arraiga en una lenta conquista del espíritu sino en un golpe de efecto que logre la «transvaloración de los valores», y de nada ha de modificar los hechos el valor que para la filosofía de su tiempo tenga esa teoría. La imposición inesperada es requisito indispensable. De ahí por qué el relampagueo mental de Nietzsche, una vez conocido, decae en valor real para quedar relegado como teoría hasta que la guerra lo pone de nuevo en el tapete, dando la razón al filósofo. Algo que podría compararse a un terrible terremoto filosófico conmueve en sus cimientos todas las ideas, aun las más opuestas. Un fenómeno único en la historia del mundo –dice Ferrero– es el de estos cambios radicales provocados por la guerra, y en él deben fijar su atención aquellos espíritus cultos que aún no estén por completo absortos por la acción militar.

En efecto, jamás hase visto la humanidad frente a cambios más radicales, frente a problemas más abstrusos, frente a derrumbes más formidables y frente a más complejas orientaciones que en esos años de la guerra. Todo cuanto constituía, más o menos, una estabilidad relativa en el conglomerado social o un estado de equilibrio difícilmente obtenido dentro de las corrientes de ideas, todo cuanto significaba producto de evolución o resultado momentáneo, hace crisis en un momento dado. La vida mundial, económica, moral y artística queda en suspenso de pronto cuando la monarquía austriaca venga la muerte del Archiduque Carlos Fernando. Todo cuanto la civilización había modelado, todo cuanto los maestros idealistas había predicado se derrumba violentamente y el mundo latino, desconcertado y admirado, despierta de su ensueño pacifista sacudiendo en los «doce días» el letargo de años que hacíale pensar en la irrealidad de mil irrealidades.

Lo verdaderamente tremendo que hay en la guerra, lo que más hubo de desconcertar por fuerza, es lo inesperado de ella, y junto a eso el cúmulo de horribles revelaciones que la moral nietzscheana, alentadora de los ejércitos imperiales, hace a las creencias del mundo latino cuando, en una madrugada histórica, el Señor de Berlín dice al rey Alberto: Necesito pasar sobre tu territorio. Dos días después, por sobre la dignidad belga, que se erguía reclamando un derecho por Alemania reconocido, pasaron lentos y grises los ejércitos ebrios de sangre, organizados para toda crueldad, y su grito ronco de *Nach Paris!* tenía más trascendencia que la promesa a todo pillaje. Era la concepción moral de Federico Nietzsche que se abalanzaba sobre la pura moral latina, radicada en un idealismo llamado al fracaso. Aquel 5 de agosto, día en que el décimo cuerpo de ejército alemán puso sitio a Lieja, se inicia la lucha ideológica más tremenda que recuerda la historia del pensamiento. No eran dos intereses encontrados, no eran dos tácticas militares opuestas, no eran dos intentos de hegemonía económica o militar los que luchaban: era algo más trascendental, dos morales. De una parte el derecho de la fuerza, cantado por Nietzsche, y de otra la fuerza del derecho, prolongación en el tiempo del criticismo kantiano.

José Ingenieros y su aporte al pensamiento americano [1925]

José Ingenieros —ha escrito el historiador del positivismo italiano, Villa— es más que nada un temperamento de síntesis y de exposición. Y a fe que aunque un tanto injusto acaso, el pensador italiano resume en estas líneas todo el perfil intelectual y gran parte de la obra del ilustre maestro que acaba de morir en Buenos Aires, enlutado al caer el pensamiento americano.

No afirmaré que José Ingenieros era la primera figura intelectual de nuestra América. Más hondo y penetrante que él lo es el peruano Francisco García Calderón cuando juzga fenómenos sociales. Más intenso dramáticamente es José Vasconcelos. Más comprensible es Gil Fortoul. Su propio compatriota Ayarragaray se nos presenta más medular al apreciar el problema psicológico-social de su patria, cuando los dos ahondan en los mismos infolios. Más intensas son acaso que las suyas las concepciones éticas de Vas Ferreira y de Antonio Caso, pero ningún de los mencionados ha aportado al intelecto americano una más vasta documentación científica ni ha presentado un frente intelectual más amplio que el autor de *La simulación en la lucha por la vida* y *El hombre mediocre*.

Porque Ingenieros fue un espíritu enfermo de curiosidad. Su claro talento, fundamentalmente orientado dentro de las disciplinas del positivismo spenseriano, predominante cuando su labor comenzó, indagó en todo y se apasionó por todos los problemas humanos. Y nace de ahí la dificultad para el comentarista de clasificar una personalidad que de todos recoge y en todo se delinea. Por sus estudios de psiquiatría y principalmente de psicología biológica —rama esta en la que representa la única consagración europea para un sabio de América– Ingenieros obtiene una personalidad precisa que se modifica cuando aparece *El hombre mediocre*, admirable estudio social del medio y de la época en que vivimos. Y su curiosidad y su afán de ser útil al pensamiento de América lo llevan más adelante a pintarnos –ahora colocándose desde un punto de vista científico muy acorde con sus conocimientos de alienista– la situación social de Argentina bajo la fórmula de Rosas, cuya personalidad espiritual modifica totalmente al hacerlo pasar de un vulgar tirano al de anormal, lombrosiano y descentrado por efectos de la total desorientación social del medio en que dominó.

Descendiente directo de la generación filosófica del 48 –Émile Boutroux, a quien tanto admiró, deja en él menos huella que Comte– toda la obra sociológica, psicológica, ética y aun literaria del autor de *Los tiempos nuevos* y de *Hacia una moral sin dogmas* está orientada dentro de un positivismo-modernismo, el cual representa Ingenieros en América logrando que predomine en nuestras ideologías, aun cuando ya la simiente de Bergson –traído a nosotros por Antonio Caso– y de Russell comenzaba a predominar en nuestras concepciones.

Su filosofía biológica es esencialmente positivista. Viene de Le Dantec, de Weismann, de de Vries, que tienden a reforzar el acervo comtiano dentro de una época reaccionaria hacia el espiritualismo conciliador de Renouvier. Y es a través de estas valoraciones que él juzga a Rosas, reclama la imposición del socialismo, opone sus argumentos al trascendentalismo de Einstein, somete a reacciones de fuerzas celulares los amores de Tristán e Isolda, todo para terminar con sus *Preposiciones al porvenir de la filosofía*, resumen de las concepciones filosóficas y revisión del proceso intelectual de un siglo que no sabe a dónde va y cuyo camino espiritual trata él de descubrir. Y es en esas *Preposiciones* –aún no estudiadas con la atención que merecen– donde se precisa la personalidad de José Ingenieros. Reclama para la filosofía «un sistema de verdades afianzadas en la experiencia», es decir, renueva con más fuerza el criterio de Augusto Comte puesto que concede al intuicionismo, si no toda la fuerza bergsoniana, por lo menos el valor de un método.

De ese criterio filosófico se deriva su teoría de la moral adogmática de una época práctica que es práctica en todos los sentidos. Y al mismo tiempo que nos descubre en la ética humana un simple problema biológico de herencia en las líneas espirituales, tiende a probarnos la posibilidad de una moral alejada de todo idealismo kantiano, con un «noúmeno» casi material, desviada del romanticismo hegeliano, del viejo escolasticismo petrificado aun en muchas conciencias, de todo aquello, en fin, que esté más allá de la experiencia. Se argüirá que esta concepción nace en el *Catecismo Positivista*.

Nuestro egregio Enrique José Varona introduce en América a Spencer y el positivismo, pero Ingenieros lo remoza para todos. Y no importa que se trate de restar valor a esa obra afirmando que el positivismo actualmente tiende a un nuevo palidecer. La reacción iniciada por los alemanes –Lipps, Einstein, Spengler, Freud, Scheller– podrá adueñarse del pensamiento moderno que ya, de por sí, tiende a nuevos cauces, bien originales o actualizando antiguos métodos, pero siempre en la ciencia –base de las especulaciones filosóficas de hoy y mañana– quedará un sedimento positivista arraigado y tendrán un puesto prominente los que han depurado sus valores y sus afirmaciones. Y uno de esos puestos lo ocupará José Ingenieros.

Por otra parte, la causa latinoamericana pierde con la muerte de Ingenieros un entusiasta luchador, la Argentina ve desaparecer un hijo que le dio prestigio y gloria y la actual generación americana un orientador a quien mucho debe, y de quien mucho más podía esperar todavía.

El error de la democracia [1926]

El error científico de la Democracia, juzgada biológicamente, fue el falso sentido de la igualdad. Aplicada de la teoría en América, en donde las desigualdades naturales han llegado a un grado no experimentado nunca por la Humanidad, sus consecuencias habían de ser funestas. Como hemos visto, en medios de absoluto igualitarismo se radicaron principios políticos inadaptables y que, colocados en una posición falsa, desenvolvieron a través del tiempo medios nuevos de armónicos y anárquicos.

Driesch trajo a la biología un concepto platoniano perfectamente aplicable a la sociedad, la entelequia, o séase, el conjunto armónico de todas las fuerzas desconocidas cuyo conglomerado rige el desenvolvimiento de la vida. En la era espiritualista la entelequia fue la fusión del alma con el cuerpo. En nuestros días neomonistas, es un resaltante biológico indispensable a la vida individual o colectiva.

Todas las circunstancias étnicas y geográficas, biológicas e históricas, de tradición o incidentales que hemos revisado dentro de las falsas democracias de América, concurren a determinar una verdad irrecusable: la entelequia social se ha roto. Y el régimen representativo y popular sólo puede ser consecuencia del desenvolvimiento armónico colectivo. La teoría general del Estado, la teoría del sufragio, el equilibrio de los poderes, la reducción del Gobierno a ser representación no soberana, que America no ha conocido, se derivan de esa fatalidad biológica que, a su vez, cambió esos valores teóricos por valores prácticos: el *Estado-teoría*, la ineficacia del sufragio, el predominio del Poder Ejecutivo, y el Gobierno soberano encarnado en el dictador o el tirano.

De ahí la mentira de la intervención popular en la vida de la Nación. Las constituciones que ampararon ese derecho del estado soberano fueron reducidas de la teoría a la práctica y trasladaron la noción de soberanía al gobierno que quedó en mano de las minorías, siendo meta del *cacicazgo*. El hecho fatal sancionaba una nueva teoría jurídica, la de la revolución, como manifestación del Estado potencia en reclamación de sus derechos. Pero la falta de moral ciudadana, el haberse convertido la político de un deber a un derecho, medio de lucro personal las más de las veces, quitó a la sanción popular su valor trágico y el arma única del Estado fue una nueva fuerza en su contra.

El gobierno es una función de las minorías en representación del círculo envolvente, las mayorías y los regímenes –*oligarquía, aristocracia, democracia* y *demagogia*– no son más que sistema de selección de minorías. El régimen democrático es la oportunidad de selección en la clase popular y tuvo que ser, en América, selección de los menos capacitados, hecha por sistemas de violencia, no por sufragio efectivo.

Esas minorías, que no son producto del *cuerpo electoral*, no son representación del pueblo y convierten los Congresos en núcleos de fuerza minorista dentro del Estado, del que se desligan gradualmente. Así se explica el desacuerdo entre la voluntad del Estado y la voluntad de su teórica representación, a la vez que la falta de sanción violenta a esa desarmonía. Actos como las reformas constitucionales de Venezuela, hechas para ayudar la tiranía en 1909, en 1913, en 1915, en 1922 y en 1925, o como la modificación de la Constitución Peruana, hecha con el fin de legalizar el golpe militar de Leguía contra el despotismo político de Pardo (1919), no han provocado sanción popular alguna, aunque fueron en todos los casos determinaciones impopulares, falsamente emanadas del pueblo por Congresos que no lo representaban.

Oponiéndose a esa falsa representación popular el predominio del Ejecutivo es, como hemos dicho, una necesidad. Caudillo o cacique, electo por las armas o por los comicios, el *Presidente* encarna más directamente la representación de las mayorías; al menos, de las minorías activas en política. Es la justificación científica de la dictadura en América. Contra él la sanción pública es activa. Cae cuando su fuerza política termina o cuando surge un elemento nuevo más potente, más centralizador de la voluntad popular. Aún electo por el sistema de elección de segundo grado, paradoja en pueblos paradójicos, el Ejecutivo encarna, más que el Congreso, la representación del Estado, en una vuelta de realidad a la filosofía política del siglo XVIII.

Teóricamente, los regímenes despóticos son ajurídicos también en América, pero no así en la práctica. En la política de minorías, ellos son la encarnación de la voluntad del Estado que se defiende del peligro parlamentario. Suele el dictador ser bárbaro sin que ello represente una discordancia con el Estado, que lo es las más de las veces. Melgarejo, con su despotismo, representa la condensación del sentir de un estado impolítico. Mello es un productor del cuartel en un país militarizado al modo del clan. Cuando no respondió a la necesidad que lo impulsaba, el régimen cayó. García Moreno, conservador y católico, no es productivo sin la manifestación del sentir fanático de un Estado controlado por el clero.

Pasada la necesidad política de Rosas, cumplida la misión organizadora del sombrío estanciero, una noche de tumulto bastó a destruir un régimen que parecía de extrema solidez. Fracasado Santa Cruz, eclipsado el sentimiento de expansión territorial de Bolivia, sentimiento que él encarnaba, la fuerza de la mayoría determina su eliminación del poder. Gamarra y Castilla son, en el Perú, alternativas del sentir de un Estado sin consistencia política. Guzmán Blanco encarna un sentido de progreso, insatisfecho más tarde. Porfirio Díaz representa en México la mano de orden de la administración y de la paz, necesarias después de las perturbaciones del imperio, hasta que Madero encarna la ambición colectiva de un sentido nuevo, la voluntad de un régimen popular en oposición al régimen oligárquico porfirista.

Los dictadores son manifestaciones de minorías, pero de las minorías más nutridas, es decir, de los grupos políticos más fuertes. No siendo el voto un órgano del Estado, sino de los grupos políticos que impone a éste su sentido, permaneciendo la mayoría electoral ajena a las urnas, los partidos son condensaciones de minorías activas. El Ejecutivo derivado de este sistema resulta representación del grupo que lo mantiene y que es, siempre, más fuerte que los que permanecen en la oposición.

El cuerpo electoral, como se ha visto, no se compone de la totalidad del Estado, sino de los grupos integrados, generalmente, por las clases menos capacitadas de la sociedad, que hacen de la actividad política un medio de vida, vendiendo al mejor postor su influencia cerca de los grupos de analfabetos, que ejercen el derecho de votar irreflexivamente y sin espontaneidad. Sustituido el voto por el fusil, el problema se acentúa. Aquel que más soldados cuente para mantener su gobierno, será dueño del poder y siempre, desde luego, la manifestación de la fuerza mayor.

Consecuencias son todas estas de los factores biológicos que, ordenadamente, se apuntaron. Esas manifestaciones de incapacidad parlamentaria, esa superioridad del Ejecutivo –manifestación avanzada del caudillismo– son determinaciones invencibles del medio americano, de una raza impura en que han florecido todas las armonías morales. La aseveración se quebranta cuando se experimenta en países como Argentina y Uruguay, en los que se ha reducido la fatalidad biológica a un grado de inferioridad frente al predominio de una raza. Esa inconsistencia de la teoría, aplicada así, es su más alta confirmación. Son pueblos de unidad, Estados de organización medios en los que la teoría democrática pudo desenvolverse porque era una teoría única, no una imposición teórica a una construcción artificial. Los defectos de sus regímenes igualitarios son los defectos de una teoría anticientífica en su origen, no consecuencias de otra necesidad.

Los regímenes políticos son conclusiones de biología social, productos de culturas que encuentra en ellos su representación histórica, manifestación de las fuerzas orgánicas de Estado que derivan hacia un régimen de armonía interior. A cada medio corresponde una cultura que involucra un sistema de teorías propias, una construcción política determinada por sus necesidades, por el carácter psíquico, por el factor biológico de los individuos que la integran.

La política es la suprema manifestación de la ética social, que es ampliación de la ética individual. El hombre no es un animal político en sí, sino porque necesita una moral pública, un conjunto de inhibiciones, un sometimiento de individualidad para ayuntar su vida con la vida de los demás. Los regímenes que se derivan de esa necesidad tienen que obedecer a la presión espiritual de la moral individual que integra el Estado y formarse de acuerdo con el medio físico, no por imposición de teorías nacidas al calor de otro sol, arraigadas en tierras distintas, aplicadas a hombres de otro sentido moral y político.

No es el Gobierno lo que determina el Estado —como se ha querido realizar en la práctica política americana— sino el Estado el que determina el Gobierno. Durante un siglo hemos estado viviendo esa verdad sin querer verla, aferrados desesperadamente a un sistema impracticable, que en realidad sólo existe en las Constituciones. Se precisa legalizar esas situaciones normales, crear constituciones americanas, organizar poderes de fuerza real, radicada en su realismo político. Una nueva teoría, no democrática, se ha determinado por cristalización y nos ha faltado el valor científico de exponerla, dejando al tiempo la labor de probarla. Creemos una teoría biológica para nuestra política.

La sociedad americana del siglo XIX [1927]

Siglo XIX. En Europa el eco de las palabras de Saint Just, «Dadnos una constitución y estará conseguida la unidad», se ha perdido en el redoble de tambores y las agudas notas de clarín que saludaron el advenimiento del Imperio. Se presiente el desquiciamiento de las monarquías absolutas que va a dejar libres tronos a las dinastías creadas por Bonaparte. A los dispersos huesos de los reyes de Francia se han unido los restos decapitados de los dioses de la Igualdad.

El pensamiento del Mundo está en crisis. El ensayo del 93 ha difundido el Contrato Social de Juan Jacobo Rousseau. Al derecho divino que sostenía las Monarquías lo ha sustituido el Derecho Divino de los Pueblos. No se sabe, exactamente, qué es la Libertad. En su nombre se levantaron cadalsos para los tiranos. La sociedad americana tiene ya un carácter peculiar, una psicología que la distingue de los pueblos europeos. Durante tres siglos las tres razas que integran nuestra composición social se han fundido, llenando el cumplimento de la Ley social denunciada por Nordau. El blanco puro sólo existe normalmente en los peninsulares emigrados. El criollo tiene ojos oblicuos, que denuncian al indio, o toscas facciones que hacen ver su ascendencia africana. A la mezcla del indio con el blanco y de este último con el negro, hay que sumar la del negro y el indio y toda la incalificable mezcla subsiguiente de las subrazas que crean un tipo peculiar con una psicología propia. Mientras más allá de Nuevo Méjico los libres estados de la América del Norte avanzan hacia el progreso, los pueblos mestizos llevan una vida sedentaria, hecha a base de sensualismo y de espíritu místico, como observa García Calderón.

El *sensualismo* y el *misticismo*, el goce de los placeres terrenos y la preparación de los goces de la vida futura, son, en realidad, las dos grandes fuerzas espirituales que en este momento predominan en la sociedad americana. Se peca en las noches con el mismo fervor con que se reza en las mañanas. Las calles de Lima, Caracas y Buenos Aires están cortadas por la aventura de burladores galanes y enamoradizas doncellas. Es la época del *Virrey kereje y el campanero bellaco*, cuya tradición nos legó Ricardo Palma. De la mañana a la tarde doblan campanas, acicateando el fervor místico de aquella sociedad provinciana que de *maitines* a *angelus* sólo oye la bronca oración de los metales.

La religión está minada en sus bases. Huye la virtud de los conventos y la aventura del Tenorio sevillano se repite con frecuencia. El clero, viciado por el espíritu de la colonia, explota inicuamente al indio que los predicadores del siglo anterior habían ganado para la causa de Cristo. La prédica igualitaria, la magistral voz democrática de Jesús, se ha perdido, y en las suntuosas iglesias de Buenos Aires, de Lima, de Caracas y de Méjico está vedada la entrada al indio, al zambo, al mulato y al negro. Se niegan las familias a emparentar unas con otras, acusándose de impureza de sangre, y en la bolsa de la vanidad pseudoaristocrática vale más el aventurero peninsular que el hijo del país en quien puede descubrirse un destello africano o indio.

Hay en la psicología social americana de este momento, una característica: la melancolía. La raza que conquistó y colonizó América había vivido cuatro siglos de misticismo. Al legado fatalista del árabe había sumado el peso espiritual de la renunciación de los bienes terrenales. Mientras América se poblaba y recibía la inyección hispánica, en la Península cada montaña se coronaba de una ermita, y cada camino estaba hollado por una sandalia. Carlos V había dejado el trono por el reclinatorio del monasterio de Yuste, y Felipe II oía misa, enfermo para morir, desde su lecho real. Así, al fatalismo oriental del indio se había sumado la convicción de la nulidad de todo esfuerzo que no tendiera a ganar celestiales preces. También de la Europa del medioevo había recibido el americano el desdén al trabajo. El esfuerzo personal, que era en la oscura Europa del feudalismo un signo humillante, se convirtió en América en vergüenza a la que no se sometían los conquistadores ni sus hijos, que dejaron la atención de las tierras a los esclavos y su administración a los mestizos.

De la moral cristiana se derivó una verdadera moral colonial. Se llegó, según la frase de Agustín Álvarez, a la «degradación del hombre para glorificación de Dios», y la misma Iglesia cuidó de justificar las crueldades de la esclavitud, poniendo un premio al sufrimiento, ya que el hombre había venido al mundo para sufrir provisionalmente a cambio de la eterna beatitud. El trabajo forzoso del indio y del negro trajo como consecuencia la degradación para el blanco trabajador, que sólo aspiraba al ocio, aunque no saliera de la pobreza. Mientras en Norteamérica el trabajador encontraba –según la afirmación de Tocqueville– los medios de ganarse la vida sin desdoro, en la América española aprendía a despreciar el trabajo y a imponer su sentimiento de desprecio a los proletarios, parias que de sol a sol labraban la riqueza del campo, violaban las entrañas de la tierra en busca del oro o desafiaban las profundidades del Golfo de Darién.

Resultó humillante servir a los pequeños y honroso estar al servicio de los grandes. Sojuzgado el espíritu del clan y de la tribu, todo derivó hacia el feudalismo, destruido ya por la unidad monárquica en Europa. El espíritu guerrero de los señores está en receso forzado y circunstancial, y el de los siervos ha degenerado en la indolencia criolla que Unamuno quiere explicar por «lo grato del sol».

Cuando el primer rayo de sol del siglo XIX alumbra los campos de América, no es interesante ni optimista el espectáculo que dora. En Buenos Aires el coloniaje comienza a pesar. Ya años antes, la conspiración brasilera de Villa Rica había sido en América el primer reflejo activo del 89 francés. Hasta ese momento sólo habían existido conspiraciones y rebeliones parciales de indios y negros en el Cuzco, en Nueva Granada y en Brasil. En Quito, en Tucumán, en México y Cartagena, con el pretexto de reuniones literarias, se comentaba el «pasquín sedicioso» que, impreso en Caracas por Nariño, había llevado a la cárcel al traductor de *Los derechos del hombre*.

Mientras la clase culta criolla seguía la sugestión igualitaria de los enciclopedistas, el futuro ciudadano paseaba su alma indolente del Anáhuac a los Andes chilenos. Desde México a la pampa, la «hilacha», la «guajira», el «bambuco», la «marinera» y la «vidalita» llenaban de melancolía los llanos que limitan los volcanes, y al son metálico de bandurrias y guitarras se unía la suave nota de la quena.

América era pobre e ignorante. El clero, que controlaba la enseñanza superior, había remozado en las unidades americanas el escolasticismo que rechazaba la Europa abierta más allá de los Pirineos. Las restricciones gubernamentales impedían la entrada de libros «sediciosos», en los que se reflejaban las nuevas corrientes ideológicas. América, universitariamente dominada primero por los jesuitas y después por los dominicos en sus dos cumbres de tradicionalismo filosófico, Córdoba del Tucumán y San Marcos de Lima, ignoraba la rebelión de La Mettrie con su «hombre máquina». Mientras Europa vivía el momento más intenso de su cultura filosófica, en pleno fervor kantiano, cuando ya el filósofo de Heidelberg había arremetido contra el dogmatismo crítico y la era post-kantiana se iniciaba con Jacobini, Fichte, Schelling y Herbart, el doctor

Francia y el Dean Funes estudiaban en Tucumán la *Summa teologica* del tomismo.

La cultura, nula en el pueblo y escasa en las altas clases, era recientemente conservadora, teológica y absolutista. La semilla de los enciclopedistas fructificaba malamente en un medio sin tradición filosófica y sin capacidad crítica. Cuando D'Alembert y Diderot iniciaron la publicación de la *Enciclopedia*, contaban con más de cuatro mil suscriptores en Francia. Lustros después, en la universitaria ciudad de Córdoba, llamaba la atención el hecho de que el Dean Funes tuviera en su poder libros franceses de esa época. En realidad, la prédica democrática llega a América unida a la acción ejemplar de la revolución francesa, adelantándose las consecuencias a los fundamentos y la acción al principio intelectual.

Anticipando la toma de la Bastilla, Francia había vivido la revolución espiritual que Holbach propone como reacción sobre el iluminismo, que amparaba la prusiana corte de Federico el Grande. Diderot había señalado el valor del hombre en la sociedad y Helvetius enseñado el sensualismo de Condillac como base a su teoría del egoísmo fundamental, de la que Volney derivaría, en el momento de la revolución, el *Catecismo del ciudadano francés*.

El enciclopedismo carece de proceso intelectual en América. Se le ignora totalmente, aun después de conocer sus resultados políticos. Carente de filósofos desde Raimundo Lulio y Averroes, España no pudo oponer a la filosofía revolucionaria de la enciclopedia tesis ni tendencias filosóficas de combate. No logró, tampoco, como la Prusia de Federico, llevar el pensamiento por verdaderas rutas que lo apartaran de los principios revolucionarios que minaban la corte de Luis XVI. El iluminismo de Prusia lo imitó España con una vuelta al Santo Oficio. Limitó en sus colonias la alta cultura o, mejor dicho, la posibilidad de alta cultura, cerrando la libertad del pensamiento, cohibiendo y limitando el conocimiento de las posibilidades liberales.

Opuso España al principio revolucionario no un principio conservador, sino la negación absoluta a su conocimiento y análisis. Frente al espíritu republicano plantó, como un baluarte, no las ventajas de la monarquía, sino exclusivamente la negación de la República como posibilidad política. Carente de sentido geográfico, creyó que el Atlántico era suficiente barrera para que América jamás supiera de la Bastilla, y estimó que la seguridad de las colonias radicaba sólo en evitar que los criollos se educaran en Francia o en los Estados Unidos. Tan es así, que después de la cédula de Carlos IV, el 18 de noviembre de 1799, prohibiendo sin resultado político que los americanos se educaran fuera de la Metrópoli, sin aprovechar esa experiencia, rotos ya los lazos por el Continente, comprendiendo que Cuba tenía que seguir el camino de la emancipación, no vaciló Fernando VII en dictar la Real Orden del 9 de marzo de 1828, ordenando que «sin vacilación ni demora se enviasen a la Metrópoli los jóvenes que estudiaban en los Estados Unidos»; decreto que se reafirmó al siguiente año con el del 29 de diciembre de 1829, que mandó «hacer regresar a la Isla, sin excusa, a los jóvenes que se educasen en los Estados Unidos».

Todavía veintiocho años después de Ayacucho, en 1852, el Capitán General Concha manifiesta su oposición a que los cubanos visitaran Francia y especialmente los Estados Unidos, en donde, según informe del Ministro de España en Washington, aprendían «teorías contra la monarquía, el orden y la religión».

Con ese principio colonizador sólo se obtuvo la incapacidad de crítica de que todavía nos resentimos en América. Encastillada en el dogma absolutista de Luis XIV, la España de los Borbones no concedió a la plebe su puesto de punto de aplicación de una fuerza histórica que tiende a la resolución, y privándola de la facultad de análisis, creyó evitar el cumplimiento de un dictado de biología social.

La cédula especial del 2 de diciembre de 1797 no cerraba el paso a principios expuestos y difundidos en libros que América por su escasa cultura no leía, pero sí destruía la posibilidad de que fuera conocido un fenómeno que años después era tóxico, y como tal fue apurado y aceptado sin las reservas con que el análisis hubiera limitado sus alcances. ¿Qué podía saber de Democracia el México del Marqués de Branciforte, que sostenía que «en América sólo se ha de enseñar el catecismo»? ¿No se declaró rebelde en 1816 a todo criollo venezolano que supiera leer?

La incultura popular de aquel momento se manifiesta en los espectáculos más gratos a la plebe americana. Las corridas de toros y las riñas de gallos son las fiestas predilectas del mestizo. El teatro, que había llegado en España a las cumbres del Siglo de Oro, era un espectáculo exótico, cuya decadencia habían iniciado los «Autos de fe», tan gratos a los inquisidores. La Iglesia, más que el Estado, reglamentaba la vida uniforme, monótona, casi conventual, melancólica, en la que privaba un espíritu ceremonioso de fría etiqueta. Era América un todo sin cohesión social, sin nexos espirituales, sin tradición intelectual ni política, ajena a todo principio de organización y saturada de prejuicios democráticos.

Unida a España por los férreos lazos del coloniaje, el continente, rico en potencia, estaba viviendo la decadencia española que, iniciada por los príncipes de la casa de Austria, había continuado bajo la versallesca ostentación de los Borbones. Monopolios como el de la Compañía Guipuzcoana, limitaciones comerciales, inútiles exigencias aduaneras, habían traído con la decadencia del comercio legal la preponderancia del contrabando.

En el orden espiritual se presentaba un fenómeno de inversión de valores. La aristocracia colonial, la clase culta y rica, aspiraba ya a la emancipación, excepto en el Perú, del yugo español, a la instalación en América de los principios revolucionarios. El pueblo, conjunto de hombres sin principios, que los utopistas de Caracas y Buenos Aires soñaban en convertir en «demos» platoniano, era monárquico, retrógrado, clerical, conservador, borbónico y español. Por oposición al «mantuano» ilustrado, libre-pensador y republicano, el plebeyo americano estaba ligado espiritualmente al populacho madrileño que gritaría un día cercano ¡Vivan las «caenas»!

De ahí el fracaso de Miranda, el girondino iniciador de la independencia de América. La inercia de las clases populares de Venezuela es un fenómeno sintomático de lo que era, políticamente, la América en 1806.

De La crisis del patriotismo [1929]

Introducción

Pasa el mundo científico por momentos de incertidumbre y de vacilación. La Alemania de post-guerra ha irradiado sobre la cultura occidental un relativismo que se extiende a todos los campos y del que sólo se salvan muy contados espíritus. Ya no se construyen —se dice a veces, con cierta nostalgia— aquellos sistemas orgánicos, ordenados, afanosos de universidad, amplios y dogmáticos que nutren e informan el pensamiento europeo desde Bacon a los hombres de la enciclopedia. En efecto, ya no se construyen y se diría que la mentalidad moderna no piensa con la amplitud y la seguridad, un tanto vanidosa, de hace dos siglos. Henri Bergson, quizá, termina el ciclo de las afirmaciones universalistas. Y es tal vez por eso que el ilustre filósofo no ejerce influencia más allá de la generación que le es posterior.

Vivimos días, repito, de recelo, en que las afirmaciones se hacen cada vez menos rotundas. Después que Einstein nos enseñó a desconfiar del mundo euclidiano, abatido por Riemann y por Poincaré que le precedieron con la duda, Spengler mostró, con su teoría de las culturas, el valor relativo y circunstancial de las afirmaciones en el juicio histórico y en el consenso sociológico. Hay, pues, un nuevo espíritu. Un nuevo espíritu que ha determinado la aparición de un modo de pensar y de ver, peculiares al siglo xx. En todo ello tiene América mucho influjo y hay mucho indirecto aporte americano en este conjunto ideológico. Europa lo niega y América no se percata, porque tal influencia no la hemos ejercido a través de este o de aquel pensador mexicano, cubano o argentino. La hemos realizado global y anónimamente, con la sola influencia poderosa de nuestro enorme contenido de sugestiones.

Durante el siglo XIX, centuria confusa, agitada, temblorosa para el continente, reflejamos sobre el mundo conquistador una vida áspera y bárbara. Fuimos un fenómeno impreciso y brusco, opaco y sonoro, para la mirada europea. Nuestras revoluciones, la política convulsiva, nuestra vida misma, que por joven y fuerte estaba cargada de energías desorientadas, no tuvo sentido para la despreocupada percepción germana o latina. Fuimos países semibárbaros. No pudo entendernos Bibot. No alcanzó a comprendernos Gustavo Le Bon. En su afán universalista, Augusto Comte había tratado de interpretarnos. Igualó a Bolívar con Rodríguez de Francia y con Toussaint Louverture. Menos especulativos, los anglosajones se percataron primero de que América, con su continuo fusionar de razas, la tierra virgen en donde aún el hombre con mentalidad moderna puede ensayar formas de vida social casi primitivas, representaba un fenómeno nuevo, asaz interesante en lo económico y en lo político por su contenido de experiencias y de ensayos impracticables en Europa, saturada de cultura, de hombres y de tradiciones.

El aporte americano

Sólo ahora empieza Europa, aunque sin quererlo, a percatarse de que América representa un laboratorio de valor incalculable para sus preocupaciones. Nótase que, a partir de la Independencia, cuando comienza a vivir su vida, es un caso único en la Historia; la integración, a la vista de una ciencia social ya construida y en marcha, de veinte nacionalidades. Si se hubiera mantenido la vista en esto y seguido acuciosamente, con la visión científica que ya tenía Europa, nuestra integración y desarrollo hacia la nacionalidad, la Sociología sería hoy una ciencia depurada, con un cúmulo de leyes contrastadas con los hechos y una serie de experiencias básicas en que radicar una construcción positiva.

Esto no se hizo. Abroquelada en sus tradiciones, encerrada en sus teorías y en el marco conservador de sus escuelas, Europa pasó el siglo XIX fomentando la sociología y buscando a través de las leyes y de las hipótesis una construcción universalista que explicara satisfactoriamente los fenómenos sociales, los movimientos y las reacciones de la multitud, la mentalidad popular y la esencia de la sociología. Dotó de este modo de una estructura artificial a la ciencia social. Ni Squillace, ni Kovalewsky, ni Gumplovicz, ni Bossi, ni Novicow, ni Nordau, ni Durkheim primero, ni Worms ni Le Bon más adelante, lograron presentar un grupo de observaciones y un conjunto de teorías dotadas del carácter general y universalista que se perseguía. Lo realizó Bosentini, pero necesitó ir al poligenismo.

El secreto estaba en dividir, en seccionar, en alternar las experiencias y en aplicar las observaciones. Europa debe a América ese secreto que aún no ha sabido aprovechar sino muy limitadamente. Giddings, Small y Ward, después que James había abierto el camino con el pragmatismo, aportaron a la Sociología sus experiencias y sus observaciones. No puede haber en sociología –Spengler germanizó después la experiencia– leyes absolutas. Hay que contar con el elemento básico y esto ya lo mostró Tarde sin pensar en América, con el método y las razas. Lo que es cierto en el ario tiene motivo para no serlo en el mestizo de indio y negro. Las reacciones multitudinarias en Francia o Alemania tienen forzosamente que ser distintas en Bolivia o en Ecuador; más todavía lo son entre México y la Argentina o entre Cuba y Colombia.

Europa no había visto esto, pero tampoco lo había percibido América. Cultura en integración, falta de base, solicitada por un juego continuo de influencian diversas que gravitaban sobre su espíritu impreciso, al perder la tutela política e intelectual de España su infantilidad la llevó al mimetismo que tan hondas perturbaciones nos ha traído. Lo imitamos todo, que es la consecuencia lógica de improvisar cuando no hay base. Imitamos en el Derecho Constitucional igual que en el Civil y al Código Napoleónico incorporamos la moral divergente del paria y del esclavo, el indio y el negro.

La Ciencia Social en America

La Sociología –ciencia nueva, prometedora de secretos insospechados, faro que prometía ser en nuestra desorientación política– no se libró de la influencia del ambiente. Barreda llevó a México el positivismo comtiano. Lo importó a Chile Lastarria. El hecho social comenzó a ser investigado y una bibliografía nutrida honra a la intelectualidad despierta de América. Nuestro continente estaba lleno de preocupaciones sociológicas al declinar el inquieto siglo xix.

Pero el período netamente positivista fue escaso en revelaciones. El pensamiento americano seguía imitando servilmente la metodología clásica europea. Leyes, observaciones, criterios preformados, aunque exóticos, fueron aplicados con escaso éxito al problema latinoamericano. Desde Lastarria hasta Mariano Cornejo hay un período largo sin originalidades. Despuntan Hostos y Varona. El chileno Valentín Letelier ensaya una interpretación positivista de la Historia. No se intenta, sin embargo, la formación de una sociología americana. Cecilio Báez la insinúa, sin fuerza, en Paraguay. Pero el ambiente comtiano de México había ejercido en su mentalidad una influencia demasiado dogmática. Todavía Comte y Spencer, más el inglés que el francés, irradiaban sus dogmas escépticos sobre la fresca mentalidad de nuestros pensadores. Ni aun Cornejo, que fue el especulador americano más audaz en el campo de la filosofía hasta la aparición de Ingenieros, trabajó con vista al fenómeno integral y siguió en su Ética y en su Sociología el afán universalista.

Fue preciso que dos hechos coincidieran para que América sintiera la revelación de sí misma. Fue el uno la aparición de lo que pudiéramos llamar la estabilidad americana, fenómeno político que remata el proceso de integración nacional iniciado en 1825. Termina el período de anarquía por entonces y los regímenes se estabilizan. Se decanta lo que hay de posibilidad en nuestra organización y una corriente reaccionaria hacia formas peculiares de pensar sigue a la revelación de formas originales de ser. Viene la revisión de nuestro Derecho Político. Antes que Hariou, intuitivamente, comprendemos entonces que el Estado es anterior al Derecho, porque setenta años de lucha, de fragor, de combate y de anarquía aportan una irrefutable experiencia. La revelación de una vida americana crea, consecuentemente, un americanismo en la novela, en la lírica de Darío y en el teatro de Florencio Sánchez. Y el hecho social continental se revela antes de que muera el siglo XIX.

Con el momento político y espiritual coinciden las nuevas formas del pensamiento europeo. El empírico-criticismo de Ernesto Mach formula la filosofía de la experiencia. Lo siguen Gizycki, Holt y Ziegler, que directamente no influyen en América. Pero surge Ferdinand Tonnies, que termina la labor de cava que había iniciado Ratzenhofer. Lo ayudan poderosamente los sociólogos de Norteamérica, Small, Ward y Giddings, y vemos cómo, por primera y única vez, hay una influencia intelectual directa del Norte sobre el Sur. La Filosofía de la Experiencia de Mach vació su contenido de revelaciones sobre el campo virgen de los fenómenos inexplorados. Dos mentalidades preclaras señalaron entonces el nuevo camino, José Gil Portoni y Carlos O. Bunge.

Sociología Americana

Taine había revelado los valores biológicos sociales y bioéticos del medio. Más tarde, Le Bon señaló las leyes psicológicas de la multitud. Mach había valorizado la experiencia como instrumento modelador de las especulaciones. América, al terminar las correrías de las montoneras y los golpes de cuartel, disuelta la cortina de humo de la guerra civil, se había revelado como un panorama virgen de estudio y de inducción. De ahí parten Gil Fortoul y Bunge y así nace, con raigambre darwiniana, observaciones de Wallace y complejas fórmulas de Weisman, la Sociología Americana.

Europa pasa entonces a ser un punto de referencia y un caudal de enseñanza, pero los pueblos mestizos del continente comienzan a ser desentrañados en su psicología. Ramos Mejía con su criterio tardeano estudia las multitudes de su país. Bunge lanza su libro revelador, en donde, por vez primera, se enfoca el fenómeno básico americano, el mestizaje, protoplasma de las nacionalidades. Gil Portoni, siguiendo a Taine, presenta el cuadro de la integración venezolana, en donde el vasco conquistador vence, domina y absorbe al indio para formar un pueblo nuevo, que no es indio y que no es español, sino indo-americano.

El camino estaba abierto y talentos nuevos supieron ampliarlo. En la Argentina, José Ingenieros precisa y encuadra, dentro de un marco positivista, la evolución de la nacionalidad; lo siguen en la investigación Raúl A. Orgaz Martínez Paz y Alfredo Colmo. En Paraguay, reaccionó sobre el positivismo de Báez Ignacio A. Pane, nutrido en Cornejo y Squillace, pero adaptado ya al nuevo modo de ver. Un pensador medular se reveló en Bolivia, Arcides Arguedas, junto con Oliveira Vianna en el Brasil, el país donde el positivismo arraigó con Benjamín Constant al extremo de convertirse en arma política para derruir el Imperio.

Gil Fortoul y Bunge, al señalar la importancia política del mestizaje, habían descubierto la base del hecho social americano diferenciando, separando y señalándolo como algo distinto en fondo y forma, en consecuencia y en origen, al hecho social europeo, que los sociólogos hasta entonces habían tratado de presentar como el hecho social único. Sobre esta realidad se levantó un cuerpo nuevo de teorías. El mestizaje, síntesis de la sociedad americana, reclamó para sí una serie de inducciones y determinó la cristalización de un grupo de leyes que más adelante sirvieron para explicar un conjunto de fenómenos, tales como el caudillismo y la inarmonía de los grupos sociales dentro del Estado, que hasta entonces fueron realidades irreductibles a un cuadro especulativo.

Pedro M. Arcaya, Laureano Vallenilla Lanz, Lucas Ayarragaray, Francisco García Calderón, Juan B. Saavedra, Rodrigo de Triana, José Gil Fortoul, Luis M. Rojas, Alberto Edwards y otros muchos han investigado con el nuevo criterio el problema de la política americana y de la inestabilidad democrática continental, y gracias a ello se ha logrado penetrar en la esencia misma del fenómeno, probándose cómo para pueblos mestizos se intentó un Derecho político substancialmente pensado para pueblos de unidad étnica, como son los europeos.

MESTIZAJE E INMIGRACIÓN

El descubrimiento del fenómeno social de integración americana permitió colocar, al lado de las teorías positivas, las especulaciones intuitivas. La teoría de la raza cósmica de Vasconcelos es una desviación del edificio positivista y científico hacia los campos del metafisismo neo-romántico. La propaganda indo-latinista del profesor Víctor J. Guevara en el Cuzco es una concepción ultra-científica radicada en la experiencia del mestizaje en función política, es decir, como medio utilizable para borrar, por cruzamiento de culturas e ideales, el concepto clásico de la frontera.

Esta sociología, que se cree segura de sí misma y entra en un campo nuevo al que la lleva su conexión con el bergsonismo, cuyo nacimiento, coincidiendo con el suyo, determina una cierta aproximación, ha olvidado, sin embargo, un problema que es fundamental dentro de la composición ya depurada que hace con el mestizaje. Ese problema es el del factor inmigratorio, que no ha sido estudiado sino circunstancialmente, sin tenerse en cuenta su importancia. Porque nuestra ciencia social ha confundido más de una vez el inmigrante con el hombre blanco, viéndolos como una misma cosa, cuando no lo son ni histórica ni jurídicamente.

Históricamente, la distinción entre el criollo y el inmigrante está hecha y toda nuestra Historia prerrevolucionaria, en lo que va de los sucesos de 1808 a la consumación de la Independencia, no es otra cosa que una lucha entre ambos, lucha a la que permanecen ajenos el indio y el negro. Igual distinción ha sido precisa en el Derecho Internacional, campo jurídico en el que hace lustros superamos a Europa, porque obligaron al estudio constante los problemas permanentemente planteados por los inmigrantes al instalarse en suelo americano. El Código Bustamante constituye ilustre punto de referencia en este sentido.

Lo que antes hizo la historia y posteriormente realizó el Derecho, no lo hizo la Sociología. Salvo excepciones contadas y dentro de éstas, en forma siempre limitada por algún problema más circunstancial que fundamental, rara vez se ha establecido diferencia entre el blanco inmigrante y el blanco nativo. En la fórmula ya clásica de Bunge, B + N + I = M, B representa un factor como N e I. No es así. A la fórmula el negro N aporta, igual que el indio I, un valor constante, cosa que no ocurre con el blanco B, que es un valor variable, según sea inmigrante o criollo. Hubiera sido más exacto formular B + C + N + I = M, porque al cabo de algunas generaciones, evolucionando en sueño americano, el criollo se distingue del blanco inmigrante, sin posibilidad de equivalencia en el campo de su influencia social.

Es curiosa la ausencia de esta distinción sociológica. Curiosa, porque la importancia del inmigrante, individuo que se suma al grupo social, al que aporta energías, tradiciones nacionales, preocupaciones políticas y ambiciones, es considerable como factor determinante de caracteres nacionales. El hecho se presenta en toda su importancia a poco que se trate de desentrañar el origen de muchos de nuestros problemas actuales y pretéritos. Sin embargo, en la sociología americana se le ha soslayado o tratado como si fuera sólo un factor secundario, cuando lo es primario.

Hay, además, los antecedentes. Quien primero se preocupó de sociología en América, Sarmiento, nos dejó páginas admirables de profundidad y certeza en lo que se refiere al aporte social de los grupos inmigratorios. Y antes de ello, cuando se iniciaba la sociedad americana, ya distinguieron entre criollo y europeo Jorge Juan y Antonio de Ulloa, como más adelante lo hizo el Barón de Humboldt.

Entonces, por la restrictiva legislación de los monarcas de la decadencia española, europeo sólo equivalía a peninsular, cosa que circunscribe el problema a una sola rama y hace del criollo un simple resultante de la evolución del blanco español en un medio geográfico nuevo. Pero después que las naciones americanas abren sus puertas a las corrientes migratorias, a mediados del siglo XIX, y sobre los campos vírgenes y las ciudades jóvenes viene el aluvión inmigratorio, la incorporación del blanco a las sociedades mestizas difiere. Hay un choque de tradiciones y una pugna de ideologías básicas, que generan acciones y reacciones hasta entonces desconocidas en estas sociedades que Ayarragaray ha calificado como de formación aluvional.

Hasta dónde el inmigrante puede ser un elemento de unión, de progreso y de socialización, y cuándo comienza a ser perturbador, disociador y peligroso a la integración de la nacionalidad, es un problema que tiene ante sí, junto con una grave responsabilidad, la ciencia social de América. Y con nuestra ciencia, la Sociología en general, que presenta a sus cultivadores un fenómeno esencialmente nuevo, desconocido para la Historia hasta que a mediados del pasado siglo Europa vacía su exceso de población sobre nuestro continente.

Este libro señala a la vez dos puntos importantes. El uno, la consecuencia de una mala distribución inmigratoria sobre nuestra República. El otro, un grupo de observaciones y la propuesta de varias leyes, ajenas al problema cubano en sí y aplicables en general a todo el continente, que constituyen lo que he llamado *Una teoría sobre las inmigraciones*.

Digresiones sobre el patriotismo

El concepto de patria contiene un elemento subjetivo irreductible y es el patriotismo apreciación variable e individual difícil de encuadrar en el resumen de un juicio. Contenido espiritual, la Patria es noción personalísima, en la que influyen todos los factores que determinan la integración mental y moral del sujeto, desde las condiciones en la lucha por la existencia hasta el influjo del medio social, y desde la capacidad afectiva hasta las presiones biológicas que sobre él ejercen la herencia y la educación.

Para unos es la Patria el país donde se nace. La encuentran otros en la tierra de los padres y la mayoría de los hombres, por un interno determinante humano, radícala en el lugar en donde se tuvieron las primeras referencias afectivas, se deslizaron los años iniciales de la vida o se ganó el reposo y se triunfó en la lucha. Todo puede ser la Patria que, al cabo, sólo representa una concepción individual y un valor subjetivo, siendo por eso que noción tan importante como motor y eje de la integración social no existe como preocupación sociológica, como anota Roberto Michels.

Pero si el concepto de la Patria es un valor subjetivo e individual, es distinto el patriotismo, que cae en el terreno de las preocupaciones psicosociológicas e informa una gran parte del contenido ético colectivo en las sociedades. Lo primero surge con la personalidad sentimental del individuo. Lo segundo no aparece hasta un grado más avanzado de la evolución, simultáneamente con el sentido solidarista que conduce a la integración de la tribu. Puede existir el sentimiento social de patria, sin determinar el patriotismo, que es la manifestación ulterior y activa del primero, como en el punto inicial de la evolución humana aparece la familia ajena a toda preocupación social o política, aunque implícitamente contenga un rudimento de ambas.

El patriotismo es la manifestación superior del sentimiento gregario del grupo social, la forma sintética que adopta en la mentalidad colectiva el impulso interno unificador a que obligan la lucha por la vida y la urgencia de asociación para subsistir frente a las acechanzas del medio y atender a las exigencias del progreso, creador de necesidades. El hombre no lo siente hasta un punto avanzado en su evolución, cuando circunstancias de carácter económico y relaciones sociales transmutándose en presiones biológicas le hacen afianzarse en una tierra en la que manda como dueño, lo que inmediatamente determina la presencia del concepto de la patria, cuya necesidad de defensa, de mejoramiento o de amplitud precipitan el cristalizar del patriotismo. La Patria es, desde ese momento, un determinado lugar de la tierra que antes cruzó la horda, cuya extensión y límites geográficos determina subjetivamente el individuo, aun viviendo en el grupo. El patriotismo es el sentimiento de defensa de esa zona, la necesidad de luchar por ella para preservar de la ambición exterior su contenido político, sentimental y económico. Es, pues, una manifestación del egoísmo como intuitivamente advirtió Eurípides y como más tarde lo presenta Voltaire en los inicios de la revisión enciclopédica.

Sólo que ni el discípulo de Anaxágoras ni el humanista del siglo XVIII podían interpretar en un sentido de realidad biológica aquel egoísmo encubierto que adivinaban en el alto sentimiento exaltado por los poetas y cultivado celosamente por los políticos, presentándolo como la expresión de superioridad espiritual del hombre sobre los animales. En su escepticismo, Voltaire no llegó a pensar que hay en todas las especies gregarias un rudimentario sentimiento patriótico, dependiente de los mismos factores que, en las manifestaciones superiores, han creado en el hombre la virtud cívica, definida por Renán como temple uniforme para el esfuerzo y homogénea disposición para el sacrificio. En la horda, en donde el sentimiento de solidaridad es rudimentario todavía, a pesar de que se refuerza por las presiones permanentes de la lucha con el medio cambiante, hay ya un informe y casi imperceptible patriotismo, aun cuando allí la patria no existe como continente sino como contenido.

Mas adelante, en la tribu, que con su estabilidad representa un punto de avance en la evolución, se genera, dotado de límites espirituales más precisos, el sentimiento de patria, y con ello la imperiosa necesidad de defender una determinada porción de tierra. Desde ese momento adquiere la patria su representación geográfica. Sus límites se van a determinar obedeciendo a las mismas razones de interés y egoísmo individuales y colectivos y llegarán hasta donde hay garantía para el individuo en sus propiedades y en su vida. La expresión geográfica de la Patria estará entonces de acuerdo con la potencia numérica de la ciudad, cuyas murallas protectoras encerrarán todo su contenido. Por eso la ciudad llegó a tener en la antigüedad un valor de territorio sagrado, como observa Pichón. No va más allá de la seguridad y la garantía y para reafirmarlo se le rodea del *Pomeriun*, que es su límite y el signo de su alcance efectivo y por tanto jurídico.

Cuando en América, por las circunstancias especiales que caracterizan la integración nacional –que es un hecho posterior a la colonia–, se presentan iguales circunstancias y por las rivalidades partidaristas y de los caudillos la nación entra en quiebra y se divide, aparece ese mismo espíritu de provincialismo y el concepto de patria es, como apunta Arguedas, deformación de la ciudad. Es típico el caso argentino anterior a Rosas, en que eran las provincias «catorce pueblos distanciados inconformes en todo menos en hacerse la guerra», según el Dr. Seguí.

Ligada al desarrollo de los grupos y dependiente de la evolución social, la patria se irá ampliando y creciendo y a través del tiempo, cuando se van determinando las nuevas formas políticas de asociación, se dilatarán sus fronteras y podrá contener, no ya la montaña y el río provinciales, sino regiones más amplias, horizontes más vastos, siguiendo siempre en la expansión a los símbolos de dominio efectivo que la demarcan.

La patria será un día la ciudad en las democracias griegas. Más tarde, cuando de las federaciones surjan primero Estados y nacionalidades después unificadas bajo un nombre común, aumentará su contenido y, como consecuencia, el patriotismo adquirirá nuevas responsabilidades y obligaciones. Pero siempre, como prueba de su raíz biológica, hija de la lucha por la existencia, sólo serán patriotas los dominadores, no así los dominados, que carentes de responsabilidad sobre el territorio, permanecerán alejados de toda actividad patriótica y sólo por conscripción acudirán a prestar su concurso para la defensa de la tierra o el aumento de los dominios nacionales. De esto tenemos ejemplos abundantes en la organización del Imperio Romano. Dominando el mundo desde las costas ásperas y brumosas de Britania hasta las cálidas tierras soleadas de Arabia, no logró Roma crear un patriotismo romano fuera de las siete colinas clásicas. Fue un Imperio enorme, dilatado, poderoso y fuerte, pero carente de unión, como se probó cuando la fuerza central del núcleo latino cesó de ejercer presión sobre aquellas cien patrias dispersas que se independizaron. La vieja diferencia entre Nación y Estado no abarca este problema y se refiere a un caso distinto. La Nación es un concepto de raíz étnica, ajena a la forma política, que es el Estado. La Patria, sin embargo, tiene un sentido de responsabilidad activa que no existe prácticamente fuera del deber de conservación de su contenido. Es por eso un error hacer del nacionalismo un sentimiento activo, cuando es lo contrario. Cuando entra en actividad, es ya sentir patriótico. Los semitas han sido nacionalistas y no han sido patriotas. A pesar de esto, *nacionalismo* es en Europa una expresión antisemítica, nacida precisamente cuando la reacción del caso Dreifus.

Ejemplos típicos hay numerosos en las aventuras coloniales. Nada más expresivo que el gran fracaso del patriotismo español en América. Importado, trasplantado a las tierras del Nuevo Mundo, el español a la primera generación se desligó de la patria paterna para obedecer a los dictados de la nueva patria. De ahí, la lucha entre españoles peninsulares −dominadores− y españoles criollos −dominados− que encarnaban, dentro de una nacionalidad común, dos patrias distintas, triunfando al cabo el sentimiento de los que defendían lo natural −la tierra nativa− contra lo artificial, que era la prolongación de una patria en países en donde no se manifestaba el patriotismo del conquistador, porque no urgía fundamentalmente su mantenimiento, de ventajas de índole económico y militar, sin representación afectiva en el individuo. Es una verdad psicológica que los hombres, como afirma Novicow, sólo son patriotas cuando se pueden representar la unidad política de que forman parte.

En la edad Media, a la sombra de aquella estructura feudal en que todas las responsabilidades gravitaban sobre el Señor, hizo crisis el sentimiento patriótico. No tenía el hombre nada que defender, porque nada era suyo. Defendía al Señor, porque éste, a su vez, lo amparaba. Sólo en las comunidades españolas y en los burgos germanos se manifiesta por entonces el sentimiento patriótico, precisamente porque el pacto con el Señor y los fueros municipales daban al hombre un sentido de responsabilidad. La defensa de aquellos fueros, la lucha perpetua entre el Señor y la comunidad municipal, los justos recelos de los concejos contra los ricos-hombres, los hidalgos y los caballeros a los que un fuero municipal impedía construir casa dentro de los muros de la ciudad, ejercer cargos públicos y todo lo que, después de los Ordenamientos de Falencia en 1286 y 1313, precipita la decadencia de la nobleza feudal, que se llega a convertir hacia el siglo xv en la nobleza cortesana, es la manifestación activa de un patriotismo municipal. La unidad monárquica española y la reducción del espíritu feudal significan el triunfo, tras larga lucha, del patriotismo desplegado por los concejos como reacción natural al peligro de dominación y absorción por parte de los señores. De no haber existido el espíritu patriótico limitado a la ciudad y a la villa se hubiera construido sobre otras bases la organización monárquica de España, y orientado por distintos rumbos políticos la aventura audaz de la conquista de América, que fue en lo económico y en lo político una desviación de las especiales circunstancias en que se desenvolvían las actividades feudales, sometidas por la monarquía de Isabel y Fernando.

Con la aparición de las nacionalidades modernas, el patriotismo amplía su responsabilidad de custodia geográfica. Ya no es aquel inflexible sentimiento regional que siguió a la desaparición de la feudalidad, sino que se extiende hasta lugares que el hombre no conoce, de los que sólo tiene a veces noticias vagas, pero que representan la frontera nacional, significando una parte del continente en donde están radicados y amenazados hombres a los que tiene que ayudar porque con ello se defiende de un peligro próximo. Sólo entonces la Patria adquiere su representación moderna.

Desde ese momento, el patriotismo unificará el sentimiento popular en naciones integradas por pueblos diversos, como Alemania, Francia y España. A partir de ese punto, el sentir patrio representa un fenómeno psicosocial de orden superior, a través del cual se pueden descubrir virtudes y defectos de las organizaciones humanas, señalar de acuerdo con lo que él denuncia vicios de origen o de organización, siendo siempre una prueba y un síntoma del espíritu social, ya anunciando las plenitudes y los afanes de engrandecimiento en sus manifestaciones de irritabilidad, de lucha y de esfuerzos engrandecedores, o dando el alerta en la crisis de las instituciones, en la decadencia nacional y enunciando la quiebra de los ideales fundamentales, cuando pasa por períodos de agotamiento, de indiferencia o de cansancio.

De *La crisis del patriotismo* [1929]

Esas manifestaciones activas no lo reducen, sin embargo, a una forma simple. El patriotismo no es sólo el espíritu de defensa nacional, sino una de sus manifestaciones, la más simple desde luego y probablemente la más definida. Tiene, empero, un sentido más profundo y más amplio en su representación biosocial, que le da significación de valor fundamental en la integración de las sociedades.

Spencer ha demostrado que existe en la Naturaleza una serie jerárquica de organismos, paralela a la serie jerárquica de los estados políticos. Va la una del protozoario al hombre como la otra de la tribu salvaje a las naciones civilizadas. De aquí deducen los sociólogos organicistas que entre los organismos y los estados hay una analogía fundamental en la complejidad creciente de las funciones y la división del trabajo. Ambas series subsisten por la asimilación y desasimilación continua de sus moléculas, hecho que se manifiesta en el Estado por la pérdida y la adquisición constantes de individuos. Ese ritmo eterno que es la vida y esa perpetua renovación total hacen que, al cabo de un cierto tiempo, los seres, aunque iguales a sí mismos, no conserven una sola molécula, un átomo solo de lo que fueron. Sin embargo, en ese torbellino hay algo que perdura y se mantiene inmutable en lo posible, siendo este elemento permanente base de la unidad y de la identidad, lo que integra, en fin, la personalidad y el carácter psíquico del Pueblo. Spencer estima que en las sociedades esa condición constante de identidad y semejanza es el *carácter nacional*.

Pero el carácter nacional, tomado en la acepción que le da el pensador inglés, está muy lejos de ser un elemento constante. Se refiere a un conjunto de modalidades propias, como son las costumbres y los principios políticos o religiosos, que en realidad evolucionan y se transforman al paso de las generaciones. El carácter de las sociedades, como manifestación exterior que es de la vida interna, es variable en una misma línea. Aunque Ribot haya asegurado que el carácter del galo de la conquista romana y el del francés de hoy son semejantes, no pasa ello de ser una afirmación excesiva y ligera. Cierto que César apunta en sus Comentarios que el galo gusta del brillo y de la pompa, que es harto fácil de impresionar y muy dado a la polémica y los torneos oratorios, añadiendo que es sugestionable y vivaz, cualidades y características que hoy conservan los franceses. Pero son harto superficiales las observaciones apuntadas por el conquistador latino para tomarlas como punto de referencia, y Ribot silencia cualidades descubiertas por César que hoy no son características del pueblo francés. Además, Julio César no fue buen psicólogo, como lo probó en su política, y su testimonio hay que aceptarlo con reservas. Lo que se llama carácter nacional evoluciona, como por ley biológica cambian y se alteran las condiciones de la mentalidad humana y los mismos órganos intelectuales y sensoriales. México y el carácter mejicano prueban hasta dónde esto es exacto, si se confrontan el temperamento y las características que vio Bernal Díaz del Castillo en el azteca de la conquista y los que hoy se observan en el pueblo mexicano. Es cierto que en el caso mexicano determinan esa alteración factores especiales, pero de similitud a los que en otros países han provocado las invasiones, las guerras y las alianzas.

Lo único permanente en las agrupaciones sociales es el patriotismo, por cuanto éste se inicia simultáneo al espíritu de solidaridad y perdura inmutable hasta la desintegración de la sociedad. Es el todo de la cohesión, que no subsiste sin él y lo convierte en un valor permanente en el espíritu de la colectividad. Por él se desenvuelven, se engrandecen y subsisten los pueblos. Cuando factores históricos poderosos y el terrible peso de las realidades económicas se conjuran para eclipsar la nacionalidad, el patriotismo es lo primero que se reduce y se limita hasta desaparecer, siempre antes de que se denuncie la definitiva crisis de la Nación. El hecho de que toda decadencia nacional se inicia por un período apatriótico es tan antiguo y está tan históricamente estudiado que no merece especial ampliación.

El patriotismo es la base de la coexistencia popular y una fuerza permanente e inmutable, sólo que entre el movimiento informe de cohesión social, que es tal vez un sentimiento prehumano, y el patriotismo en las sociedades modernas, hay una lógica diferencia de grado y de expresión, que hasta puede hacerlos aparecer cosas distintas. Sin duda ello ha ocurrido a más de un observador poco dado a profundizar en el remoto origen de las expresiones colectivas o poco inclinado a conceder a los valores espirituales su verdadera radicación materialista.

Pero aunque sea un valor permanente y fijo, el patriotismo sufre la natural evolución de todas las cosas, porque es ley de vida lo inestable y la variabilidad signo de persistencia. Igual que el amor, el honrado amor de los líricos, es sólo una evolución hacia altos planos de espiritualidad del instinto sexual y del humano afán de perpetuidad, y así como el sentimiento estético, investigado en sus raíces biológicas se presenta, aún después de Lipps, como la emoción de lo útil, el patriotismo adquiere en las sociedades contemporáneas –y lo tenía, sin duda, en las que ya corresponden a la Era Moderna– una forma de expresión más depurada, en la que muchas veces está casi dormido el instinto agresivo que es su razón de ser. Es un fenómeno de civilización que no anotó Gumplowicz.

Puédese aceptar que el patriotismo es una noción metafísica, y aun conceder al viejo Kant toda su importancia, sin que ello nos obligue a radicarlo en forma distinta. Ya Le Dantec ha explicado sabia y claramente este mecanismo evolutivo que va de la experiencia biológica, casi inconsciente, hasta los más elevados valores metafísicos del espíritu. De la costumbre de defender intereses comunes de enemigos comunes –dice el biólogo de Lyon– aparece al cabo del tiempo el patriotismo. A medida que la patria se ha precisado en la mentalidad de los hombres, el deber de defenderla se ha inscrito también en la conciencia moral.

El patriotismo en los días iniciales de la civilización tenía que ser, necesariamente, un sentimiento agresivo como natural acción de defensa ante la continua amenaza exterior. Más tarde, por obra de los instintos ásperos de la primitiva cultura, se convirtió fácilmente en odio al extranjero y en amor al conciudadano, que era el aliado natural y conocido frente al peligro extraño. Así, desde su inicio, adquiere carácter bifronte y busca una expresión interior y otra externa, ambas con valores diferentes y opuestos, pero de intensidad igual y correspondiente. Se odia y se rechaza al extranjero y se ama y se atrae al conciudadano por un mismo movimiento instintivo de conservación.

Desde luego que tal espíritu no podía subsistir y las nuevas normas de la vida han ido limando y reduciendo ese sentimiento de repulsa hacia el extranjero, que es en la actividad moderna un colaborador y un eficaz aliado en el progreso material y espiritual de la nacionalidad. De ahí su doble manifestación ya anotada, la pacífica y la agresiva, que siguen correspondiendo a la interior y la exterior de que me ocupé antes.

En los tiempos normales se manifiesta el patriotismo en el afán colectivo por el mejoramiento de las instituciones nacionales, de las fuentes de riqueza, del aumento de poderío económico, en la superación en las lides del espíritu y en las obras del intelecto, de todo, en fin, lo que engrandece la Patria a los ojos ajenos y la hace más fuerte y más temida, que es en el fondo lo que instintivamente se persigue.

Por patriotismo, ciudadanos y gobiernos tratan de mejorar su condición internacional y se procura, sin diferencias de partido ni de credos religiosos, mantener los prestigios nacionales a tal altura que inspiren un respeto permanente y creen una sensación de superioridad bien afirmada. Ese afán por aumentar y reforzar el contenido de la Patria hace a veces a los ciudadanos injustos y hasta ciegos cuando se trata de juzgar y valorar las producciones nacionales. El mejoramiento en las condiciones de vida es consecuencia del Patriotismo, pero no el fin real. Mientras se labora por el engrandecimiento interior actúa subconscientemente la agresividad, como en la moral individual actúa, según Scheler, el resentimiento. Por eso no se considera patriótico abandonar el resguardo de los aprestos militares ni aun en los momentos de mayor confianza y esfuerzo constructivo. Esta preocupación permanente supedita ciertas manifestaciones del sentimiento patriótico a los incidentes geográficos del Estado en que se desarrolla. De ahí que en los países de fronteras dilatadas y numerosas el sentimiento colectivo de defensa y agresión se manifieste de un modo más franco y abierto, puesto que para incitarlo existe el constante peligro del patriotismo vecino, con sus amenazas de expansión y sus ambiciones de superioridad.

No es, en realidad, que pueblos que han pasado a la Historia como legendariamente patriotas lo fuesen más que otros de sus contemporáneos, sino que en ellos el patriotismo se manifiesta en su forma más simple, que es la agresividad. Tenían que luchar, que extenderse, que disputar a los vecinos el dominio del mar, que era el comercio y el poderío militar en aquellos días. Ese es el caso histórico de Esparta y Atenas, de Roma y Cartago, caso que se acentúa y se demarca aun más en las repúblicas italianas de la Edad Media, Pisa, Venecia y Florencia. En los tiempos contemporáneos el caso se repite, con menos frecuencia porque son distintas las circunstancias políticas, pero con los mismos caracteres de precisión y el mismo valor sintomático. Lo tenemos en América.

El patriotismo americano ha sido mucho más rotundo, más exaltado, más agresivo y más efectista en el Sur que en el Norte del continente. Mientras en los anglosajones que pueblan el Norte el patriotismo ha sido un afán constructivo y de riqueza y un esfuerzo persistente para mantenerse al margen de las grandes ambiciones extrañas, los indolatinos han cultivado un patriotismo efectista, irritable, terco y desconfiado. Las circunstancias históricas han ido creando después una cierta nivelación, pues mientras los Estados Unidos del Norte llegaron a un nacionalismo peligroso y casi exaltado, algunos países del Sur, como Uruguay y Argentina, han evolucionado hacia un espíritu más cosmopolita, menos receloso, más desligado de las tradiciones. En tanto, México, Ecuador, Bolivia, Perú y Chile, a través de un siglo de guerras, de intentos de absorción, de esfuerzos de dominio, han ido reforzando su patriotismo integralista, que llega a su más alta síntesis histórica-sociológica en el Paraguay, que sólo mediante el cultivo de un sentimiento ultra-nacionalista ha logrado mantenerse independiente y dueño de sus fronteras, amenazadas por vecinos necesitados o codiciosos.

El caso político de los Estados Unidos era distinto. Nación extendida de océano a océano, con vecinos infinitamente menos poderosos, no tuvo necesidad de vivir alerta hasta que su poderío comenzó a despertar el recelo de las viejas potencias militares, que ven ahora en el imperialismo del Norte un peligro a sus históricas hegemonías económicas, hoy primordiales sobre las antiguas hegemonías militares.

Mientras los Estados Unidos de América se desenvolvieron dentro de sus fronteras, en un natural deseo de reforzar el contenido de la nacionalidad, trabajando en su territorio y sin afanes de rivalidad internacional y de hegemonía militar o económica, su pueblo, poco ambicioso en lo exterior, no fue nacionalista, ni su patriotismo tuvo otra manifestación que no fuera la que he

De *La crisis del patriotismo* [1929]

dejado anotada como un sentimiento de concentración nacional. Pero la guerra de 1898 enseñó un camino y abrió una ruta a la ambición capitalista. Junto con el poderío económico se insinuó, casi simultáneamente, una necesidad patriótica de estar alerta, porque aquel poderío creciente iba a despertar pronto peligrosas rivalidades. Y así, cuando la guerra de 1917 pone en peligro la integridad de la nación en su economía, en sus finanzas y en su comercio mundial –que no otra cosa hubiera sido el triunfo del imperio germano–, aquel patriotismo antes pasivo y casi nulo entra en actividad, reaccionando violenta e inesperadamente frente al peligro alemán. Esas dos reacciones, hasta cierto punto inesperadas, encierran en su ejemplaridad histórica una gran experiencia. El patriotismo es el instinto de conservación de la colectividad.

Como fuerza primitiva y sentimiento simple que es, por lo que tiene de instintivo en la psiquis social, el patriotismo no se deja engañar por la voz de los teólogos ni por la sutil dialéctica de los juristas. Un momento de extremo idealismo puede llevar al individuo a pensar que es llegado el día del Derecho sobre la Fuerza y que el reinado de la Justicia se inicia en la tierra. Esta teoría llegará acaso hasta la Universidad, hasta el taller y la granja, creando un estado colectivo de confianza que pudiera determinar la crisis del instinto de defensa, como pretenden y predican los socialistas. Pero en el fondo subconsciente de la nacionalidad actúa siempre el patriotismo, recordando el principio rudimentario y viejo, duro y trágico pero exacto, de Geoffrey Saint-Hilaire que se llama el *Principio de balanceo de órganos*, que no es otra cosa que el más reciente teorema de la fagocitosis, dura ley de la vida.

Ese instinto de conservación nacional, la misma agresividad que fundamenta y mantiene el patriotismo, determina sus cambios y sus orientaciones. Ellos explican cómo pueblos tradicionalmente rivales, Estados históricamente diferenciados y económicamente opuestos, llegan a formar, como Italia y principalmente Brasil, Estados federados en los que sólo la unidad del sentimiento patriótico aproxima regiones distantes y distanciadas. He mencionado el Brasil porque el antiguo imperio bragantino es quizás el ejemplo más rotundo y apreciable del fenómeno. Económicamente, los intereses entre los Estados del norte, del centro y del sur, son en el Brasil contradictorios y hasta rivales. Las diferencias étnicas se acentúan más que en ningún otro país americano y las comunicaciones son difíciles, inexistentes muchas veces, conectándose los Estados del norte y los del sur por mediación de la capital. Sin embargo, todos los intentos de fraccionar la nacionalidad, de quebrantar esa unión, que fue artificial durante los días de la colonia y aun en los iniciales del Imperio, han fracasado. Un instinto superior al interés inmediato, una fuerza mayor que las determinantes anárquicas que dominan en la población, ha mantenido inquebrantable esa unidad, al punto de que estados que llegaron, como Río Grande do Sul, a establecer un régimen independiente, han reingresado en la Federación.

III.

La agresividad es la raíz biológica del patriotismo, sin que esto signifique que sea su representación actual. Siendo un sentimiento que evoluciona al par que el espíritu de la colectividad y siguiendo a ésta en sus variaciones, por lo mismo que permanece estable, cumple una ley natural generando complejidades. De este modo, a través de la evolución, llega a determinar una serie orgánica de ideas secundarias, que acaban por ser su manifestación exterior y a las que afecta la evolución, que no actúa directamente sobre el sentimiento matriz, en tanto cambian al ritmo del tiempo sus derivados. A medida que avanzan la civilización y la cultura se hacen más complejas esas derivaciones. Sólo carecen de ellas los pueblos en estado primitivo, en los que el instinto de agresividad permanece puro. Por eso no hay tradición ni existen héroes, como no hay símbolos, fuera de su animismo, ya que tanto unos como otros son productos complejos y evolutivos.

La tradición nacional, el amor a la tierra, el apego al grupo social nativo en sus manifestaciones exteriores y no permanentes, es una derivación directa del patriotismo. El instinto busca siempre una representación emotiva para manifestarse y una realidad en la que arraigar. Se apega a la parte física de la nacionalidad, porque no puede concebirla en su amplitud espiritual, y aun esa misma parte, demasiado amplia, excesivamente compleja y múltiple, la reduce a expresiones simples y a síntesis materiales. La bandera nacional es la síntesis objetiva de la patria como el himno es la síntesis auditiva. La tradición ejerce en ellos el papel que la herencia biológica ejercita en los elementos subconscientes de la colectividad, dando a las síntesis valores representativos extraordinarios y convirtiéndolas en expresiones materiales del sentimiento que cultiva.

Desde ese momento la tradición se convierte en una fuerza cohesionadora. Es la unidad de tradición lo que armoniza en regiones distintas a grupos humanos de intereses diversos y hasta raza diferente. Ella sitúa en un mismo nivel las devociones patrióticas del letrado y del analfabeto, del rico y del pobre, del conservador y del liberal, unifica el pasado y armoniza las fuerzas hacia el porvenir, que es su misión social.

Porque la tradición arraiga, no en forma colectiva, sino individualmente, de donde se origina su fuerza unificadora. El fenómeno de psicología que Le Bon ha apuntado en las masas, formando los individuos grupos que piensan diversamente al pensar y al sentir de cada uno de sus componentes, no se presenta en lo que respecta a la tradición patriótica. En ella sólo hay expresiones individuales, siendo las formas colectivas modos de reaccionar específicos y no permanentes.

El hecho se explica en su aspecto psicológico porque, en el paso de las generaciones, la sustitución no acontece de una vez, sino que una trabazón íntima y la coexistencia de tres generaciones a un tiempo en el mismo espacio préstanle un elemento de equilibrio del que se carece en el paso de las generaciones biológicas, en las cuales sólo hay para evolucionar el puente brusco de la herencia. La tradición es un sentimiento individual en la colectividad y provoca, a su vez, la aparición de otro sentimiento del mismo carácter, el culto del héroe, síntesis contemporánea del contenido agresivo del patriotismo.

El culto del héroe, por lo que tiene de sentimiento espontáneo y por tanto irreflexivo, constituye un fenómeno social de alto interés psicológico y de enorme dificultad para definir. Porque el héroe, por lo que contiene de símbolo, es una creación emotiva más que histórica, intuitiva más que razonada, por sobre cualquier otro motivo sentimental y fundamentalmente popular. La ausencia de cualquiera de estos caracteres elimina su posibilidad. La colectividad lo escoge, depura y hasta crea, cuando el héroe responde a las exigencias espirituales que concurren a hacer necesaria su aparición. Sintetiza para el espíritu colectivo, para el sentimiento patriótico, las cualidades que intuitivamente se reconocen como más necesarias a la perpetuación social de los grupos. No precisa que sea o no un benefactor, ni un vidente, ni un santo, ni un político diestro, ni un militar pundonoroso. Basta que corresponda a la imagen popular del hombre providencial. De ahí por qué los grandes sabios, los grandes políticos, los orientadores y educadores de pueblos, son raras veces héroes populares. La multitud, aunque los ame y presienta lo que significan para el progreso de la sociedad, no los comprende ni ve en ellos encarnadas las cualidades más directamente ligadas al instinto de agresividad.

El héroe es normalmente el guerrero, aun cuando éste, en la realidad política e histórica, sólo haya sido un instrumento, ciego muchas veces, de los hombres de pensamiento. Rosieres ha explicado hace tiempo ese proceso psicológico que determina la aparición del héroe y de la leyenda. Por su parte, confirmando la tesis anterior, aunque enfocando de modo diverso el problema, Van Gennep, siguiendo a Tylor, ya nos lo presenta como una adaptación al medio social. Cuando el héroe encarna en plenitud las cualidades que colectivamente garantizan la defensa social y sintetiza, dentro de su brusquedad, lo que intuitivamente la comunidad reconoce como necesario a su defensa, perdura y se mantiene a través de todos los tiempos, de todas las políticas y de todas las variables circunstancias sociales. Y no es preciso que pertenezca netamente al pueblo o a la raza, sino que basta a veces que esté ligado a la tierra. Así Novicow ve a Vercingetórix como héroe síntesis de Francia, aunque no sean los franceses una descendencia pura y directa del héroe galo. Es el caso de Cauhtémoc en México, que, siendo azteca, encarna el sentido del heroísmo legendario para todas las tribus fundidas con los españoles y para los criollos mismos, que con él no tienen en común más que la tierra nativa.

El héroe en América no fue –ni lo es hoy mismo– Bolívar, aunque ninguna de las otras figuras de la independencia sea capaz de igualársele. No lo fue en Argentina San Martín. Pero lo fueron Páez, Artigas y Flores. Bolívar con su visión continental y sus sueños de confederación, que chocaban con las aristas espirituales del cuadro post-colonial, no podía ser comprendido. Los otros, en cambio, resumían las cualidades de bravura, de irritabilidad, de sentido nacionalista, de exclusivismo provinciano que había en aquellas nacionalidades inexpertas, apasionadas y nuevas. Eran la audacia, el valor, la energía, cualidades necesarias en los días de lucha. La obra de los héroes fue menor que la de Bolívar, pero la de éste correspondía menos a la ambición popular e iba menos de acuerdo con el espíritu de la época, del que es lógico y directo heredero el espíritu de ahora.

Posteriormente, en Cuba, el fenómeno se repitió en la misma forma. El héroe fue Agramonte y fue Maceo. No podía serlo Martí, porque los pueblos no conocen el hombre síntesis destacado por Keyserling. Siendo la mentalidad popular intuitiva y nunca racionalista, no puede alcanzar a comprender las síntesis, que acepta por sugestión, por educación o por imitación y nunca por movimiento espontáneo y comprensivo. Bolívar es hombre síntesis. El Mariscal Solano López, dictador del Paraguay, es héroe.

El caso de Solano López es, quizá, la ejemplaridad histórica más precisa de cuantas confirman la tesis que vengo exponiendo. Su obra de gobierno fue menos beneficiosa que la de su padre y su política mucho más agitada, más apasionada, más brusca y atormentada. A la luz de una sana valoración política, hay en su régimen considerables errores y actos que directamente lastiman a su pueblo. Es, sin embargo, el héroe, con todo su arrastre de irreflexión y de emotividad popular. La cualidad en él sobresaliente, el coraje, sus características psicológicas, la tenacidad y el valor, el sentido nacionalista de su gobierno, lo han elevado a un grado de exaltación nacional que no comprende quien no estudie las necesidades políticas del Paraguay y vea cómo en el Mariscal Solano López se resumen y sintetizan los caracteres de que más armado ha de estar un pueblo al que circundan vecinos poderosos y cuyas fronteras han estado constantemente amenazadas durante todo un siglo.

La interpretación emersoniana del héroe es una mera especulación idealista. El héroe, como venimos viendo, lo determina la historia, y a la luz de la fría realidad positiva es sólo una conjunción de circunstancias, el remate de un proceso psicológico y de un estado de alma social. Determinadas apariencias, estado de alma especiales, provocan infaliblemente su aparición. Si hay correspondencia entre el momento histórico y el elegido, el héroe perdura y llegará a tener valor de símbolo. Si no es así, será sólo un momentáneo prestigio, que no irá a engrosar la Historia ni a sumar su nombre al acervo de la tradición. Porque el héroe, en el sentido espiritual, no aparece contemporáneamente a las circunstancias de que deviene, sino que es un producto de la selección social a través de la leyenda histórica, de la que resulta una humanización. Esa es su razón de ser y de persistir.

En el héroe hay siempre una dualidad, lo que prueba su carácter de derivación del sentimiento tradicional. Sólo el héroe imaginario, el personaje inexistente, el producto de la fantasía, es héroe absoluto. El héroe real, el que nace de la historia, que remata el proceso espiritual de una sociedad y encarna la ambición o la necesidad, sólo tiene ese carácter dentro del medio que lo cultivó, en el cual se produjo y en donde sus actuaciones determinaron las ventajas que concurrieron a integrar su personalidad heroica. Por lo mismo que la heroicidad está lejos de toda realidad integrista y absoluta, Máximo Gómez y Maceo pudieron ser, simultáneamente y desde los campos contrarios, héroes y delincuentes, generales y cabecillas, sólo porque eran hombres de nacionalidades distintas los que juzgaban.

Se ha sostenido que no subsisten los pueblos sin héroes, atribuyendo a lo que hay de síntesis en ellos un valor de unificación y de coordinación de las aspiraciones nacionales que no existe. El héroe es un síntoma y un fenómeno social. La tradición lo determina y la tradición es, ya lo hemos visto, una forma externa del sentimiento solidarista y de agresividad en que se basan las agrupaciones sociales. No subsisten los pueblos sin héroes, porque la ausencia de ese afán sintetizador es la manifestación de una crisis más honda, la de la tradición, y esto sólo aparece cuando se debilitan la agresividad y el sentido de defensa colectiva en la lucha social por la posesión de la tierra.

Siendo la tradición y su remate, que es el héroe, la manifestación externa y fenoménica del sentimiento patriótico, resulta el punto de referencia único para valorar, en un momento cualquiera, el estado de cohesión y el sentimiento de unidad nacional en las sociedades. Hemos visto cómo, a través de la evolución social, se integra en los pueblos el sentimiento patriótico y cómo el instinto de agresividad deriva hacia la forma compleja de la tradición. Cabe ahora estudiar, a través de la tradición y del valor representativo de los héroes, cómo se desintegra el sentimiento patriótico y cuál es el mecanismo biosocial por el cual se reduce hasta su extinción el patriotismo, presidiendo el declinar de las nacionalidades.

La tradición se quiebra, se reduce y desaparece por un factor histórico inevitable, que aunque en formas distintas, es el mismo a través de toda la historia. En la trabazón ideológica y política de las nacionalidades, en su estructura económica, pese al sentimiento de instintiva defensa y a la repulsa natural a todo lo que penetra, otros pueblos con su aporte de ideas, de experiencias, de sugestiones y de elementos necesarios a la mayor amplitud económica interna, van ingresando y fundiéndose, provocando acciones y reacciones en las ideas orgánicas, invadiendo primero la periferia y, más tarde, el centro sensitivo de la nacionalidad.

En la historia antigua, y acaso con mayor frecuencia y amplitud de efectos en la Edad Media, las invasiones fueron generalmente bruscas y realizadas mediante conquista, al amparo de las armas. Pueblos civilizados, primero, penetraron en los vecinos. Después fueron los bárbaros los que se introdujeron en la estructura social romana y siempre, en ambos casos, de modo violento. Pero si Roma al invadir las regiones que más tarde integraron el Gran Imperio de Augusto no realizó transformación medular en aquellos grupos carentes de tradición y de unidad, no ocurrió lo mismo a la inversa, y la entrada de las caballerías germanas en la civilización latina provocó una corriente de ideas, un oleaje revolucionario que quebrantó la tradición unitaria mediterránea.

A la invasión militar sucedió después lo que hoy llamamos penetración económica, forma más atenuada y lenta del espíritu conquistador. Por un mecanismo semejante al antiguo, pero de efectos mas tardos y disimulados, los pueblos nuevos penetran en los viejos, las ideas recientes quiebran los tradicionales conceptos y separan y distienden la organización ideológica solidificada a través de centurias. Primero en forma de cooperación, más adelante como ayuda ventajosa y necesaria y al cabo como dominador, los extranjeros se van infiltrando en la nacionalidad, van socavando las formas estatuidas y propiciando la desintegración nacional. Es la teoría de la proximidad y la lejanía, tan certeramente expuesta por Simmel al plantear el problema que llama de la adhesión orgánica. Al cabo del tiempo, las ideas nuevas se sobreponen a las antiguas. Una estructura híbrida se forma y cada vez la tradición es socavada más hondamente. Si en ese momento no sobreviene una reacción que despierte la agresividad y extraiga de la forma moderna y periférica lo que en ella hay de puro y de instinto biológico de defensa, la crisis es inevitable. El fenómeno no surge más a menudo en las sociedades actuales porque la lucha por el dominio de la tierra es, por regla general, un problema permanente, y la reacción suele presentarse a tiempo de salvar la tradición y con ello de poner a flote la nacionalidad en peligro. El amor a la patria no es mandato divino, sino necesidad cuando se descubren inmediatos peligros, como escribe Heinrich Mann, el más destacado de los racionalistas alemanes de hoy.

No siempre ha sido, sin embargo, la invasión material o guerrera la que ha provocado las grandes crisis históricas. Guglielmo Ferrero presenta la decadencia del Bajo Imperio como un choque entre el paganismo decadente y el triunfo del cristianismo. El cristianismo fue en Roma una invasión más temida y fuerte que la de los bárbaros y las diez persecuciones prueban hasta dónde se sintió conmovido el Imperio por aquel espíritu nuevo, que se infiltraba en su centro para romper la tradición latina.

La historia de la decadencia romana, que es la desintegración del Imperio, pintada con caracteres dramáticos por Boissier, es la historia del influjo cristiano sobre el paganismo. Como toda fuerza nueva y poderosa, el Cristianismo, al pasar de Oriente a Occidente, provocó un choque rudo en las conciencias. En el primer empuje la conciencia romana reaccionó, pero ya la extensión latina era excesiva y los bárbaros habían resquebrajado aquella estructura. A la reacción siguió un movimiento de cansancio y de agotamiento, que aumentó el influjo cristiano. Ese es el momento en que hace crisis el romanismo clásico. La fe en los viejos dioses se había perdido y era demasiado pronto para que la inspirara el Dios nuevo. Todo en aquel momento es artificial y vano y lo que antes había sido relajación en el ejército y en las clases gobernantes se expande y se extiende en las clases populares y va a buscar la médula del imperio, que se desgaja en partes distintas. Con la Invasión de los bárbaros, que pone fin a la historia antigua, termina la de Roma, que acaba su papel histórico sin tradición, sin dioses y sin héroes.

En la historia de la política colonial contemporánea el fenómeno se repite. Mientras la tradición metropolitana perdura y hay entre la Metrópoli y la Colonia una comunidad de tradición y de héroes, es estable la unidad política. Lo que se ha llamado la mayoría de edad de los pueblos modernos es sólo el despuntar de una tradición propia y la presentación de héroes nacionales. Ello provoca, inmediatamente, el choque y la lucha y cada vez acentúa más las diferencias espirituales que se transforman en intentos de emancipación. La raíz de la independencia americana es el cristalizar de una tradición y el aparecer de héroes nacionales que el tiempo había ido precipitando a través de los vaivenes políticos. Spengler ha señalado después el hecho al explicar que «la Nación aparece cuando el pueblo tiene historia».

De Cómo cayó el Presidente Machado
[1934]

Escrito lejos del escenario de la lucha cubana, cuyas llamas enrojecían aún el lejano horizonte, y fuera también del radio de influencia de mis protagonistas, este libro no aspira a otra cosa que a ser el relato sereno de una desafortunada gestión personal y del error antipatriótico que le sirvió de fondo. La Historia, que tiene el juicio aclarado por las perspectivas y pone a su tiempo cada hombre en su puesto y da a cada hecho su significado real, dirá, alguna vez, acaso cuando ya estén amarillas estas páginas, lo que en el libro hay de exacto y lo que es preciso depurar en busca de una interpretación de mayor certeza.

Hubiera sido un ingenuo intento enjuiciar la revolución cubana a raíz de haber salido como una llama crepitante de las manos de taumaturgo de Benjamin Summer Welles. No ya el fin, sino el origen de estas grandes convulsiones colectivas, son cosas vedadas de juzgar a los que estuvieron en su centro. En las sociedades hay misteriosas corrientes cuyo manantial y remanso se ignoran todavía mucho tiempo después de haber salido a la superficie para socavar su cauce destructor. De donde vino la revolución cubana de 1933 y adónde va con sus corrientes sin rumbo aún, susceptibles de ser engrosadas por cien inesperados afluentes, no es tiempo de decirlo, y sería una orgullosa actitud la de quien prematuramente se erigiera en juez. Por eso este libro se concreta a ser el reportaje de un observador imparcial, cuya única posición fue un intransigente nacionalismo, listo siempre a caer junto al bando en cuyas manos no perdiera la bandera ni decoro ni color.

El cubano se enfrentó desde 1930 con un dilema trágico, como suelen ser las disyuntivas de la Historia. O el hecho, con el tiempo subsanable, de una dictadura, Machado, o la entrega vergonzante al presidente de los Estados Unidos para que nos sacara de ella. Escoger entre estos dos caminos era lo único factible. Prefirieron unos la patria digna, pero convulsa de lucha, y sobrepusieron otros el bienestar político al decoro nacional. Aunque la mano extraña necesariamente desagarrara la bandera, fue para muchos bien amada, puesto que en su puño estaba la fuerza que en sustitución al coraje podía reivindicar para el pueblo cubano libertades teóricas de la que ni antes ni después de 1933 fue capaz de hacer uso. Quienes amaron más y mejor a la patria se verá con el tiempo.

Ni la actitud del defensor ni la del fiscal cabrían en mis páginas. El espíritu y el pensamiento del episodio prerrevoluconario sí aspiran a quedar en esta síntesis amarga y desapasionada. Algún día será preciso abrir un proceso sereno y fuerte a los que trataron de entregar y entregaron por unas semanas la República a la caprichosa voluntad de un embajador extranjero. Como es flaca la memoria de los hombres, y más flaca aun la de los pueblos, he querido escribir en estos días turbulentos y confusos páginas de humilde sencillez que convendrá leer en el porvenir. Ellas tienen la serenidad de la lejanía y han sido purificadas por el aire de dos continentes. Serenidad que dan los opacos cielos extraños, sin otro dolor que la nostalgia del claro cielo nativo.

Lo más importante en el período de historia cubana que se inicia en 1930 no es Machado, apoyándose en los partidos políticos para conservar un poder en el que aspiraban a intervenir hombres advenidos a la vida pública con ideales frescos de renovación y de pureza. No es la clase estudiantil, apasionada e inexperta, sirviendo de instrumento y pantalla a un grupo de ambiciosos, ajenos a todo espíritu universitario. No es, tampoco, lo más doloroso en este episodio salpicado de sangre y de barro, la multitud que saqueó, robó y mató, excusándose no en su instinto, sino en que vengaba agravios imaginarios. Todo esto constituye facetas de un simplísimo proceso social y bien visto está que ese proceso, repetido a través de siglos en el mundo, es inevitable, porque la Historia tiene, como su hermano el mito, dioses implacables cuya voluntad se cumple por sobre el deseo de los hombres. Lo que hay de más dolorosos y quizá al cabo de únicamente triste en la revolución cubana es ver a un grupo de hombres, la mayoría maculados por los mismos pecados que aseguran combatir, conspirar con el extranjero para, a costa de la misma soberanía, conseguir posiciones de las que había sido desplazados años antes.

Este libro, escrito a raíz de los acontecimientos, hace el relato documental del proceso prerrevolucionario para que se conozca cuál era el puesto de cada uno y cómo cada cual pensaba. Lo demás con el tiempo decantará y tornará a ser secundario. Nada hay por mí descubierto. Sitúo a cada uno no en el sitio en que lo vi, puesto que la apreciación, hecha en momentos de violencia y combate, pudiera ser errónea, sino en el lugar en que declaró estar. Conociendo la futura responsabilidad de estas páginas, he cuidado mucho de no interpretar, sino de reproducir.

Se argüirá que hay una acusación concreta. Es cierto. Los cubanos y el drama cubano sólo sirven aquí de fondo oscuro, tembloroso y sollozante tal un coro de tragedia, para destacar a un hombre, Summer Welles, embajador de los Estados Unidos. Como un personaje sombrío, la voz temblorosa llena de augurios y el gesto de cargado de presagios, locuaz en la calle y hermético en Palacio, más que hombre, demiurgo, cruza por estas páginas Summer Welles, convertido aquí, como fue allá, en eje de un triste relato.

En la historia, si se hace sucinta y a grandes manchas de conjunto, de la revolución cubana, se puede prescindir de nombres propios y dejar sólo los grupos. Lo único que en todo momento aparecerá diez veces, aun en la página más hueca, será el rostro frío y desdibujado del embajador de los Estados Unidos. Hombre predestinado al sacrificio, su historia diplomática y su carrera política han sido inmoladas por los cubanos al viejo dios de la Venganza.

La perenne inquietud que desde los días últimos de Machado hasta los que corren ha conmovido a la sociedad cubana, fluye como de un manantial embrujado de la Embajada de los Estados Unidos. Allí se fraguó la farsa que derribó a Machado. Allí se incubó, alentando esperanzas con sonrisas ambiguas y gestos misteriosos, todo el tremendo proceso posterior. Hago aquí el relato de cómo Mr Welles y sus amigos cubanos lograron derribar el régimen del presidente Machado. Mi labor con ello termina, pero no acaba ahí la historia. Después del golpe de Estado del 4 de septiembre, en que sargentos y estudiantes desplazaron del Poder a Carlos Manuel de Céspedes y del cuartel a los oficiales inculpados de haber sostenido la dictadura, surgió el episodio sin gloria, pero lleno de páginas oscuras, del Hotel Nacional. No es ya para nadie una incógnita quién alentó aquella lucha sin objeto. A otros, si cumplen con su deber, corresponde escribirlo. Queda aún una tercera parte de esta historia dolorosa. No se llama ya Summer Welles, sino Jefferson Caffery. Ella también debe ser escrita.

La vacilación, la desorientada forma de actuar, el afán de convertirse en juez de una causa que por ajena a su espíritu le era incomprensible, convirtieron al embajador de los Estados Unidos en un factor, a la vez trascendental y funesto, en la confusa política cubana. Empeñados en coordinar hechos e ideas de fundamento antagónicos, a la vez que mezclándose directa y enérgicamente en nuestra política mientras aseguraban que eran ajenos a tal propósito, el presidente Roosevelt y su embajador en Cuba impidieron que la revolución por ellos puesta en marcha continuara su cauce natural, y tratando de encauzarla a su antojo provocaron el desbordamiento, impulsando la revolución hacia un incógnito destino.

Reiteradamente, el presidente Roosevelt ha manifestado antes y después de este episodio su voluntad de no intervenir en los asuntos interiores cubanos. Hay, empero, contradicciones flagrantes. Summer Welles hizo a Machado renunciar bajo la oficial amenaza de intervenir y los veinte muertos en las calles habaneras el día 7 de agosto le sirvieron de triunfal y macabro pretexto para dar vigor a su afirmación de que la isla sería ocupada militarmente. Se invocó, para dar fuerza a la amenaza, el artículo VI del Apéndice Constitucional. Cinco días más adelante, hechos análogos, aunque positivamente más graves, determinaron una reacción distinta. Los oficiales ametrallados tras la rendición del Hotel Nacional tampoco alteraron la nueva actitud abstencionista, ni pudieran modificarla los cientos de cadáveres, el 9 de noviembre, tendidos en la falda de Atarés, al amparo de una bandera blanca que sólo sirvió para mancharse de sangre. Ese marchar y contramarchar en la interpretación de las obligaciones derivadas de un tratado lo han convertido en instrumento pernicioso que, por preverlo todo unas veces y no evitar nada en todas, debe de desaparecer.

El derecho norteamericano a intervenir en nuestras cuestiones domésticas ha tenido dos formas de presentación igualmente funestas en las crisis políticas cubanas. Una, cuando se realiza de hecho la intervención, como en 1906, y detiene a destiempo el proceso revolucionario, relegando los problemas y no resolviéndolos. La otra, cuando no llega a realizarse y se amenaza con ella, como en 1933. Entonces se desvía la corriente y le abre cauces imprevistos que arrastran al hombre más allá de donde pensaba llegar. Estar ligados por un tratado de formas tan peculiares y extraordinarias, como es la Enmienda Platt, a un país que carece absolutamente de una política firme es un mal gravísimo del que se viene resistiendo Cuba desde 1902. Empleada para dar la razón a los revolucionarios de 1906, sirvió la Enmienda para quitársela a los de 1917. Cómo fue ella interpretada por Hoover se leerá más adelante, y cómo ha sido funesta aplicada por Roosevelt lo veremos aún por mucho tiempo. Con sólo conseguir una afirmación concreta para los días venideros y obtener la seguridad de que somos dueños y responsables de nuestro destino, lo pasado debe darse por bien empleado. Lo terrible sería arribar a la desoladora conclusión de que todo ha sido inútil y que por la ambición de unos cuantos de ideal acomodaticio hayamos de someternos a que de Washington nos lleguen enseñanzas, ordenes, guía.

Como el hierro, a golpe y fuego se moldean los pueblos. Al nuestro le han faltado ambas cosas básicas. Vivió su pobre y opaca independencia, siempre al pretender mirar hacia adelante, viendo como una flecha transversal a su horizonte la Enmienda que fue precio de la República, nacida con ese vicio y ese pecado original de que tal vez nos redima el Calvario de ahora. Bienvenida, entonces, la Revolución. Los hombres, aun aquellos que sueñan ser dominadores de pueblos o situaciones, son únicamente víctimas de la Historia y actores de un drama, aun cuando se imaginen que es de creadores su papel.

No se mata impunemente, afirman los que, sin más ley que la del Talión, pretenden cobrar las vidas perdidas en tres años de lucha cruenta. La verdad es que no se muere inútilmente cuando hay un ideal. Si la Revolución, que aspiró solamente a derribar a Machado, se detiene en sus menudas venganzas, habrá sido inútil y no pasará de constituir un episodio sin importancia. Los revolucionarios, sin embargo, suelen tener siempre una aspiración menos trascendental de la que realiza, por sobre ellos, la Revolución. Esperemos que esto se cumpla en Cuba y comience por despejarnos el porvenir con la cancelación del tratado permanente. Estos hechos no deben discutirse, sino acatarse. Sobre la Revolución sin programa puede erguirse, si hay hombres de buena voluntad, la Patria futura. Ello bastaría para justificar hoy y hacer florecer mañana el hasta ahora infructuoso esfuerzo revolucionario.

París, febrero de 1934

I.

El mes de agosto de 1931 fue de alta importancia para Cuba. Durante sus tres últimas semanas se demostraron muchas cosas. El viejo sistema revolucionario tradicional, con el que habíamos ganado la Independencia y hecho las rebeliones frustradas de 1906 y de 1917, tenía que ser definitivamente olvidado. Los modernos métodos de guerra y los últimos adelantos en técnica militar hacen invencibles para el revolucionario las tropas bien equipadas. Eso fue lo primero y lo más importante que se probó en la aventura revolucionaria que, desde tres años antes, venían prometiendo en Cuba Menocal, Mendieta, Miguel M. Gómez y otros caudillos menores.

La Revolución se concretó a ser una salida sin gloria y no escribió más página de interés que el asalto, toma y abandono de Gibara, un pequeño pueblo que estaba sólo defendido por seis soldados y sobre el cual, a las dos horas de estar bajo la bandera revolucionaria, convergieron más de dos mil hombres, media docena de aviones y dos barcos de guerra. Fue, pues, fácil al Gobierno dominar la situación, pese al valor que desplegaron algunos de los jefes de la expedición, muchos jóvenes que hacían sus primeras armas y un grupo de setenta aventureros de todos los países que se enrolaron antes de zarpar de New York el barco.

Otra cosa imperante se probó, además. Los jefes del movimiento armado contra el general Machado hicieron morir las esperanzas que habían puesto en ellos los enemigos del gobierno. Mientras algunos jóvenes estudiantes perecieron combatiendo en Loma del Toro y otros lugares de la provincia de Pinar del Río, en un rincón de esta, sobre unos manglares decorados de pinos, a bordo de una lancha carbonera abandonada en Río Verde, fueron hechos prisioneros, sin dispararse un tiro, los dos jefes de más significación de la guerra civil, el general Mario G. Menocal y el coronel Carlos Mendieta.

En esta forma, tan poco gallarda para hombres que tanto habían amenazado y prometido, terminaron Menocal y Mendieta su revolución, preparada durante tres años y para la cual se habían recogido cientos de miles de pesos. Otro jefe importante, que debía dirigir la Revolución en La Habana, el Dr. Miguel M. Gómez, ex alcalde, no tuvo oportunidad de disparar un tiro, sin que hasta ahora se hayan podido conocer sus razones para permanecer inactivo. Lo único cierto es que salió de su escondite bajo la protección de la policía, autorizada especialmente por el general Machado para ponerlo en el barco.

Machado supo manejar muy bien las armas que, al entregarse, le daban sus enemigos. Mientras quedaron algunas pequeñas partidas armadas dispersas por la isla, retuvo en su prisión a Menocal, a Mendieta y a la mayoría de los directores del fracasado movimiento. Los puso, después de algunas semanas, en libertad. Se notaba ya en la opinión pública una sensación de desconcierto y había un desaliento grande. Nadie podía creer en aquellos jefes fracasados tan ruidosamente. Nadie podía, tampoco, poner esperanzas en una nueva revolución al viejo estilo. Jefes y sistemas de la guerra contra España en 1895 se habían desacreditado en las tres semanas de agosto de 1931. Esta fue la conclusión a que llegaron los enemigos de Machado y a la cual habían llegado, mucho antes, los que observaban las cosas desde Palacio y desde el castillo de la Fuerza, en donde está el Estado Mayor del Ejército.

Los dos hechos que antes dejo apuntados determinaron, a su vez, dos consecuencias importantes. Una, la reafirmación de Machado en el Poder, cosa que sucede fatalmente a través de la historia americana siempre que un Gobierno domina una revolución, y otra, que los dispersos elementos de la oposición decidieran buscar una nueva forma de combatir para eliminar el régimen. De estas dos realidades, que tenían una forma concreta en el pensamiento cubano, se deriva toda la tragedia posterior. Lo que sucedió en los dos años últimos de Machado y lo que está ocurriendo ahora son, por igual, consecuencias directas de ese pensamiento.

El fracaso de Menocal y de Mendieta en Río Verde abría, para los dos bandos que luchaban en Cuba, una interrogación inquietante. En Palacio se preguntaban qué harían los contrarios, y se tomó una posición defensiva y expectante. En los numerosos centros oposicionistas a la vez se comenzó a buscar la forma de abatir a los que estaban encastillados en Palacio. Aquí fue donde nació la división en el bando oposicionista, división que tantos males ha traído con posterioridad.

Los viejos políticos, habituados a los métodos antiguos, sin querer reconocer que el fracaso de Río Verde era algo más que un episodio y representaba una ejemplaridad concluyente, siguieron la línea de la revolución en el campo. Mendieta, con los nacionalistas detrás, y el ex presidente Menocal, con sus amigos, decidieron seguir conspirando. Pero su prestigio de caudillos había fenecido. La generación nueva no creía en ellos y sabía que corrían al fracaso. Los jóvenes, en tanto, decidieron actuar separadamente. En la lucha, además, habían llegado a comprender que ni Menocal ni Mendieta podían ir con ellos adonde ellos querían llegar. Eran hombres de una generación pasada, hombres que habían sido, en su tiempo, Gobierno y que, poco más o menos, había gobernado en la misma forma que se quería eliminar. Esta fue la convicción que llevó al Directorio Estudiantil Universitario a desconocer la jefatura de los «viejos».

Había en el campo de la oposición muchos hombres jóvenes que no podía ser encasillados como estudiantes, pues habían dejado de serlo años atrás. Eran ahora profesionales, comerciantes, industriales, periodistas, y no había encontrado la oportunidad de actuar en la política, pues los partidos estaban controlados todavía por los viejos. Ellos querían tomar la dirección del país y no tenían cómo. Aspiraban, unos, a servir a la República, y otros, en el fondo, siguiendo el ejemplo de sus mayores, a que la República les sirviera a ellos. La crisis económica venía haciendo difícil la situación de la clase media cubana. De este modo, para muchos cientos de cubanos de treinta años, la perspectiva política era tentadora, pues aun actuando con toda honradez ello representaba una solución a sus dificultades para vivir.

La idea fue tomando forma. De confuso latir en la conciencia se fue convirtiendo en idea concreta. Llegó un momento en que los jóvenes no tuvieron más camino ante sí que desplazar a los viejos y, en este caso, igual a Machado que a sus contrarios políticos. La juventud, aun cuando trabaja en su propio beneficio, lleva en el fondo un contenido de ideal. Puesto que era necesario tomar el poder como un medio de vivir decorosa y honradamente, había, al mismo tiempo, que servir a la República y transformar desde la base su vida en lo económico y en lo político. En este momento estamos viendo nacer la Sociedad secreta ABC.

Dos años de terrorismo

El ABC es una sociedad secreta formada por profesionales y en general por elementos de la clase media cubana. Su organización no es original, pues fue tomada de una sociedad secreta italiana, y también usaron el sistema algunas organizaciones rusas y a mediados del siglo pasado una irlandesa. De todos modos, fue algo que en Cuba resultó, si no original, de suma eficacia, ya que a los pocos meses de haberse constituido contaba en sus listas con numerosísimos afiliados. El mismo carácter secreto de la organización facilitaba a muchos enemigos del régimen de Machado combatirlo en la sombra, a la vez que seguir percibiendo sueldos más o menos altos en distintas dependencias públicas. Esto, que quizá no era del todo moral, era, sin duda, práctico. A la misma sociedad secreta le convenía tener afiliados-espías.

El grupo ABC, integrado por hombre de talento y de cultura, dio sus primeras señales de vida haciendo público el programa de la Sociedad. Este programa es un documento bien escrito y bien pensado, cuya redacción se confió al doctor Jorge Mañach, graduado de Harvard University y de la vieja y sabia Sorbonne. Mañach hizo un documento un poco extenso, quizás no del todo diáfano, pero lleno de bellas promesas. Todos los hondos problemas de Cuba estaban previstos, analizados y resueltos, pues ya se sabe que desde el campo de la oposición es fácil hacer promesas y muy sencillo decir cómo deben ser resueltos los graves problemas del Estado.

Además, el programa abecedario contenía casillas para todos los grupos. Se hacía concesiones al capitalismo, pero sin dejar por eso de adoptarse una inclinación izquierdista. Teóricamente, era bueno, y además su contenido respondía, en gran parte, al pensamiento de la juventud cubana. Pero esto era poco.

Un pueblo como el cubano es fácil de sugestionar con programas. Mas aun, no se decía en qué forma ni en qué momento todas aquellas promesas iban a ser cumplidas. El ABC por eso, en sus primeros días, no penetró en la conciencia popular. El cubano, que tiene fama de exaltado y de idealista, no lo es en el fondo, y en los últimos años los golpes repetidos le han hecho crecer el escepticismo. Ya no cree en programas escritos desde la oposición.

Hacía falta algo más. ¿Qué podía hacerse? En revolución armada nadie osaba pensar. Machado estaba más fuerte que nunca. Tenía tras sí el ejército mejor organizado de Latinoamérica. Ese ejército no se mezclaba en política, y el Tribunal Supremo, en varias ocasiones, había reconocido la constitucionalidad del régimen. De tarde en tarde, como un recurso desesperado, algunos pensaban en la intervención norteamericana, pero en esa culpa sólo caían algunos de los viejos políticos y unos pocos azucareros, que creían en esa forma mejorar sus intereses. Hasta surgió por entonces un escritor francamente anexionista, el Dr. Fernando Ortiz.

Aun para aquellos que defendían la tesis intervencionista de los Estados Unidos como forma única de eliminar a Machado del poder, el recurso era improbable. La política del presidente Hoover fue siempre de abstención en los problemas cubanos. En realidad, además, ni los hechos registrados, ni los que se podía presumir que ocurrieran, justificaban una intromisión americana en Cuba. La Enmienda Platt fue incorporada a la Constitución cubana en previsión de que alguna vez careciéramos de un gobierno fuerte y, sobre todo, para evitar que en algún momento la propiedad y la vida de los extranjeros pudieran estar en peligro. Nada de eso había. Bajo Machado, Cuba pasó por todo menos por la anarquía. Si algo malo hubo en los ocho años machadistas fue, precisamente, un exceso de gobierno.

Hoover reconocía esto, y su embajador en Cuba, Mr Guggenheim, no hizo otra cosa que proceder prudentemente dentro de esa política. Naturalmente que la Embajada de los Estados Unidos era un centro al que iban a morir todas las protestas de la oposición, y de la cual, por eso, salieron más de una vez consejo e indicaciones a Palacio. Pero no se podía legamente hacer más. Esto fue lo que llevo al ABC a la decisión de tomar cualquier camino para crear un estado de cosas que obligara a los Estados Unidos, de acuerdo con la Enmienda Platt, a intervenir. Si esa no fue, precisamente, su manera de pensar, por lo menos la acción que se inició por medio del terrorismo lo indicaba claramente. Las reiteradas amenazas de muerte hechas al embajador Guggenheim, las que se hicieron al ministro de Alemania y una bomba de dinamita que hizo explosión en la Legación de Gran Bretaña no hacen presumir, en los que en tal forma procedieron, otro deseo.

El ABC decidió sembrar en el país, y especialmente en las esferas del Gobierno, el terror. Durante dos años vivimos en Cuba un período cuya dramaticidad quizá sólo superan algunos momentos del Renacimiento italiano, aunque teniendo en contra nuestra la mediocridad de los actores y la falta de elegancia en los procedimientos. Se mataba y se moría exactamente como entre los gánsteres de Chicago y con las mismas ametralladoras Thompson. Además, los jóvenes terroristas cubanos introdujeron un arma nueva y terrible: la escopeta de caza con el cañón recortado y cargada de balas de diversos tamaños. Con este equipo y con bombas de dinamita, por ellos mismos confeccionadas, se lanzaron a batir a Machado. No murió Machado, que estaba en Palacio o en su finca, pero, en cambio, murieron numerosas personas. De estas, unas fueron asesinadas por la espalda y otras muertas en explosiones de bombas, y aunque en el ataque perecieron varios niños y murieron algunas mujeres, los jóvenes abecedarios no cedieron. Había que sembrar el terror y la sorda guerra seguía con todas sus tremendas crueldades.

El primer atentado terrorista de graves consecuencias se registró una mañana a las once. Los jóvenes habían minado una pequeña casa en la calle Flores, número 66, y allí citaron al jefe de los Expertos de la Policía Nacional, capitán Miguel Calvo Herrera. Este penetró en la casa y se encontró con un simulado, por lo cual deja al teniente Betancourt, y el policía Vaquero salió a la calle para telefonear a la Jefatura que mandaran un carro. Calvo no había visto que la casa tenía teléfono y esa inadvertencia le salvó la vida. Precisamente en el teléfono estaba el conmutador que debía hacer volar la casa, y cuando el teniente Betancourt trató de comunicar sin esperar a su jefe, hizo saltar la mina. Del oficial y del agente sólo se encontraron algunos pedazos. El éxito de la empresa regocijó mucho a sus directores y sólo les atenuó un poco la alegría el saber que Calvo había escapado. Especialmente las mujeres se mostraban descontentas, y en todas las redacciones de periódico se recibieron aquella tarde llamadas de voces femeninas haciendo nuevas amenazas al jefe de los Expertos.

Conviene hacer notar que en el proceso revolucionario de Cuba la mujer ha sido un factor de extraordinaria importancia. Quizás mucho de lo excesivamente cruel que ha sido esta lucha se debe a ellas. La mujer es de agresividad más afinada que el hombre y la Historia lo ha mostrado siempre así. En Cuba fue algo más. La mujer constituyó el elemento más impulsivo y de mayor tenacidad en la lucha, aunque es posible que en mucho contribuyera a ello la impunidad que le daban las faldas. De todos modos, cada vez que un hecho sangriento costó la vida a algún amigo de Machado fue el comentario femenino más duro y cruel que el masculino. Además, se pudo probar que en todos los grandes sucesos siempre hubo intervención de mano pulida de mujer.

La muerte del teniente Betancourt y de su compañero Vaquero abrió en Cuba la era de los crímenes políticos. Era difícil atentar contra Machado, pues si bien día tras día hacía el recorrido de su finca a Palacio con sólo una escolta de seis hombres, todos iban bien armados y un intento de asesinato, aunque hubiera tenido éxito, hubiera costado a los atacantes algunas vidas. Eso no entraba en los planes de los perseguidores. Todos querían acudir al entierro de su víctima. Se hicieron, naturalmente, varios intentos de asesinar al presidente, pero todos fallaron. Siempre fracasaron porque los que planeaban el asunto consideraban tan importante el salvar su vida como el cortar la de Machado. Así paso con la enorme bomba que instalaron una mañana en la Quinta Avenida del reparto Miramar, aunque en este caso todo estaba previsto para hacer volar a Machado sin peligro para sus matadores.

La delación hecha por uno de los comprometidos, cinco minutos antes de ejecutarse el crimen, salvó a Machado e invirtió los papeles. El joven Ignacio Mendoza y sus cómplices, José Corrons Canalejos y otro, estuvieron a punto de perder la vida. Fueron presos en el momento de encontrarse la bomba, y pese a que iban bien pertrechados para defenderse, no ofrecieron resistencia. La intervención del propio Machado, que llegó al lugar del hecho unos minutos después, ofreciéndoles toda clase de garantías para su vida, evitó un final desgraciado al episodio. Los tres fracasados magnicidas fueron llevados a la cárcel para ser juzgados y esa noche los criados de la familia Mendoza tuvieron que sacar de la nevera las botellas de champagne, que se estaban enfriando para celebrar la muerte del dictador.

Pero lo que acabo de relatar es sólo un episodio banal en aquella lucha que nos mantuvo a todos año y medio con los nervios tensos. Ahora que ha pasado, se pregunta uno cómo fue posible vivir alegremente en aquellos días. En Palacio, la vida seguía su curso normal. En la calle también, y sin embargo, todas las noches hacían explosión numerosas bombas. Ya los habaneros tomaban a broma la tragedia. Igual que en un campo de batalla, la muerte de un hombre significaba poco. Un grupo de estudiantes, entre los cuales se destacaban Félix Ernesto Alpízar, los hermanos Valdés Daussá, Manuel González Gutiérrez, Rubén de León, Prío Socarras, Eduardo Chibás y Manuel Fuertes Blandino, sembraban la ciudad de bombas noche tras noche. Con ellos trabajaban, además, verdaderos técnicos en explosivos, especialmente un ingeniero llamado López Rubio. La policía sólo de tarde en tarde podía saber quiénes habían colocado las bombas, y en los Juzgados de instrucción las causas quedaban sin curso invariablemente por falta de pruebas contra los acusados.

Así sucedió, por ejemplo, cierta vez que Rubén León, Félix Alpizar y Valdés Daussá decidieron lanzar una bomba en el terreno de *basketball* del Víbora Tennis Club. Había allí cientos de espectadores de todas edades y sexos. Los terroristas, por la calle, lanzaron la máquina infernal, sin reparar en las vidas inocentes que podía costar. Por fortuna, la explosión no se registró en las gradas, sino en el piso, y sólo privó de la vida a un joven espectador.

Unos días después, la policía supo quiénes habían sido los autores del atentado. Detuvieron a algunos de ellos y los presentaron al juez de instrucción, que los dejó en libertad por falta de pruebas. Y así sucedía siempre. Cuando la policía se cansó de ser víctima y de que sus atacantes salieran libres cambiaron las cosas. Entonces la policía comenzó a matar. Pero los que en cualquier fallo les iba la vida, siguieron poniendo bombas para no dejar dormir al vecindario y matando policías, militares y paisanos, unas veces machadistas y otros simples transeúntes.

Murió mucha gente en este período terrible. Naturalmente que las bajas en el campo de los terroristas no fueron tantas como ellos han hecho publicar y las del Gobierno fueron algunas más de las que en Palacio se confesaron. Pero la lucha seguía cada vez más briosa. Una mañana, un grupo de jóvenes aguardó en un automóvil el paso del capitán Clavo. Cuando el «jefe de los Expertos» cruzó junto a ellos le hicieron una descarga cerrada que lo dejó muerto con tres de los que le acompañaban. Después, a toda marcha del auto, escaparon. La policía sostuvo en los primeros días que se trataba de un grupo de gánsteres contratados por los terroristas para cometer el asesinato. No era así. Eran, aunque pareciera imposible, muchachos universitarios. Hacía tiempo que manejaban mejor la ametralladora que los libros.

Después siguieron los atentados. Una mañana, el teniente Diez Díaz, en el pueblo de Artemisa, recibió un paquete perfumado que se le enviaba por correo. Al abrirlo explotó una bomba, que lanzó a veinte metros lo que quedó de cuerpo. Esto fue el 20 de mayo de 1932. El mismo día, los terroristas habían enviado paquetes iguales a varios altos jefes del Ejército, que se salvaron gracias a que a tiempo se pudo dar aviso a todos los cuarteles por radio y telégrafo. Los autores de este plan fueron Ignacio Mendoza y sus otros dos compañeros, los mismos que después atentaron contra la vida de Machado. Como al cabo todo fue descubierto, se les condenó a muerte por un Consejo de Guerra, pero el presidente Machado los indultó de la pena, enviándolos a presidio, hasta que, en septiembre de 1933, fueron amnistiados. Cumplir año y medio de prisión por un asesinato consumado, varios frustrados y un atentado a la vida del presidente no deja de ser una fortuna excepcional.

Pero había muchas bombas y existían muchos terroristas. Una tarde, el capitán de policía Carlos García Sierra fue avisado de que en cierta casa había una habitación sospechosa. Acudió a ella sin hacer caso a las recomendaciones que se le hicieron. Entró en la habitación y comenzó a efectuar un registro. Al abrir una gaveta se produjo la explosión. La cabeza desapareció. Después se supo que el autor o director de la trampa explosiva había sido el ingeniero López Rubio, al que mató la policía noches después.

También murieron por efectos de una bomba bien preparada el comandante Estanislao Mansip, jefe de policía de Marianao, pueblo vecino a la capital, y el teniente Hechenique, del Ejército. Al matarlos, la bomba destrozó también a un chofer. En la continuación de la lucha habían de morir aún muchos inocentes más.

El 30 de septiembre de 1932 se registró el crimen más espantoso que recuerda la historia de Cuba y, posiblemente, la del mundo, si todo hubiera sucedido como tenían previsto los estudiantes. Un grupo de estos, en un automóvil, aguardó el paso, en el Country Club, del Dr. Clemente Vázquez Bello, presidente del Senado y del Partido Liberal. El joven político iba desde el Havana Yatch Club a su casa, en trabajo todavía de marinero, sin revólver y sin más compañía que su chofer. Al aparejarse los dos automóviles le hicieron los estudiantes una descarga que le destrozó la columna vertebral, dejándolo muerto en el acto.

En los primeros momentos, aquel crimen pareció una crueldad inútil. Vázquez Bello se había siempre mantenido ecuánime y no se le podía acusar de haber atentado contra la vida de nadie. Unos meses antes había tratado de asimilarlo y no quiso reconocer a sus atacantes cuando los detuvo la policía. Matarlo en aquella forma terrible pareció, pues, absurdo, y durante veinticuatro horas en La Habana todos se preguntaban qué motivo de odio había llevado al crimen.

La explicación se obtuvo poco después. El doctor Vázquez Bello había sido solamente un cebo bien preparado para llevar al cementerio a todos los altos miembros del Gobierno, a miles de políticos y sus amigos, además del Cuerpo diplomático. El cementerio de La Habana –famoso en América por la belleza de sus monumentos– había sido previamente minado. Frente a la tumba en que suponían los terroristas que sería enterrado el presidente del Senado había una carga de dinamita cuyo radio destructor calcularon los técnicos en quinientos metros. El autor de esta admirable obra criminal fue un ingeniero de apellido Nogueira, que pertenecía a la OCRR, una organización similar al ABC.

Por fortuna, Vázquez Bello, por indicación de su viuda, que se encontraba en los Estados Unidos, fue enterrado en el panteón de su familia en Santa Clara. Cuando el tren llevaba el lujoso ataúd hacia el centro de la isla, un cortador de hierbas, junto a la tapia del Cementerio, descubrió el conmutador y por esta pista todo lo demás.

La impresión de aquel plan terrible hubiera sido hondísima en otra época o en otra ciudad. En La Habana pasó pronto. Nuevas muertes hicieron olvidar las anteriores. Los estudiantes cazaban a los policías, especialmente a los expertos. Dos de ellos murieron a la puerta de sus casas, frente a sus esposas, abatidos a tiros desde automóviles que escapaban. La policía, naturalmente, cada vez que podía cazaba estudiantes. Murió el teniente Pau, en Guanabacoa. Murió el Dr. Leopoldo Fernández Ros, viejo periodista y profesor del Instituto de La Habana.

Trataron de dar caza una tarde al comandante Arsenio Ortiz. Fracasó el intento, porque un ciudadano nombrado Manuel Cepero dio aviso a Ortiz en el momento en que a su espalda los perseguidores levantaban la ametralladora. Se salvó Ortiz, pero al convertirse de perseguido en perseguidor, hirió de muerte al joven Argelio Puig Jordán, un abecedario que estaba conspirando con los estudiantes. Unas noches después, tres estudiantes disfrazados de soldados acudieron a buscar a Cepero a su casa. Lo llevaron en automóvil hasta un lugar poco poblado y allí lo degollaron, cortándole, además, las orejas y la lengua. Después le amarraron en la muñeca un cartel que decía: «Así hará ABC con lo que vean o hablen demasiado».

Hasta los choferes que solían alquilar sus automóviles a la policía fueron perseguidos. Dos de ellos aparecieron muertos de un balazo en la cabeza. Un anciano policía, de apellido Hernández, que estaba a la puerta del diario *Heraldo de Cuba*, murió destrozado por una bomba. Ametrallaron al experto Llanes.

Prosiguió la lucha, cada vez más encarnizada, como lo prueba el número de policías y paisanos que sucumbieron bajo las Thompson y las escopetas de los abecedarios, que cortaron muchas vidas inocentes. Esto debió haber creado en la opinión pública un movimiento de repulsa hacia el sistema. Posiblemente, en el fondo de la conciencia ciudadana existió ese movimiento, pero nadie se atrevió a manifestarlo. Era extremadamente peligroso ir contra la opinión de aquella muchachada armada en guerra. Los estudiantes habían llegado a la conclusión de que su inexperiencia y su mocedad eran intangibles y que el error era sagrado por ser de ellos. Defendían a sangre y fuego sus teorías políticas y aunque muchos ignoraban quien fue Cromwell lo remedaban en su firmeza de criterio, si bien no en otras cualidades que él tuvo y de las que ellos carecían.

Las víctimas inocentes, repito, fueron numerosísimas. En el Parque Vidal, en la ciudad de Santa Clara, una noche de fiesta, hicieron explotar una bomba que destrozó a dos señoritas. Los estudiantes querían prohibir al pueblo que se expansionara y a ese fin colocaron bombas en parques, teatros, clubs, casinos, hoteles, etcétera. No querían que hubiera otra diversión que la trágica, practicada por ellos bombardeando la capital. En La Habana, un niño de cuatro años fue destrozado por una bomba cuando paseaba con su madre. Fue el día de Jueves Santo de 1933. La bomba iba destinada al Dr. Orestes Ferrara, secretario de Estado.

En este mismo día de Jueves Santo hicieron explosión en La Habana, en el espacio de dos horas, más de treinta bombas. Algunas fueron puestas en las iglesias, y en la del Santo Ángel, junto al Palacio Presidencial, hizo explosión una de ellas. El hacer un relato, aunque fuese ligero, de las inocentes víctimas de la era terrorista sería cosa de un libro. Un niño murió destrozado terriblemente en una finca del general Baldomero Acosta, un jefe oposicionista; otro pereció cuando las señoritas Proenza le hacían entrega de una máquina infernal para que la trasladara de casa. Un japonés murió en un tranvía por una bomba arrojada en 17 y L. Una niñita de doce años fue quemada por una botella de fuego líquido que arrojaron desde un automóvil unos jóvenes terroristas. Un obrero murió al tropezar con una bomba que habían colocado junto a los jardines del palacete de la señora Lily Hidalgo del Conill, dama del gran mundo, ajena a la política.

La lucha, con su calor, había hecho desaparecer los últimos vestigios de piedad. Una niñita de once años, de apellido Sotolongo, murió destrozada una noche por una bomba que intencionalmente colocaron en su casa varios estudiantes. El padre de la niñita, un pobre trabajador, no había querido ser cómplice en un atentado que los muchachos preparaban.

Todo esto mantenía en tensión los nervios de Cuba. El espectáculo de la ciudad era el de una plaza sitiada. Todos los secretarios de Machado debían andar con un automóvil protector, en el que viajaban dos o tres hombres armados de ametralladoras. Gracias a eso salvaron la vida, y aunque eran los más amenazados entre todos los cubanos, eran los que se mantenían más tranquilos. Se sabía que no habría atentado con lucha por medio. El presidente Machado y el jefe del Ejército, general Herrera, usaban automóviles blindados. Todos los demás iban con pistolas.

Por aquella época nada había más fácil que obtener un revólver, una pistola automática, una escopeta y hasta una ametralladora de mano. Día a día, la policía descubría escondites en donde la oposición depositaba las armas que entraban de contrabando. Allí estaban los instrumentos más modernos. Con esas armas, que no costaban un solo centavo, armaba el Gobierno a sus amigos. Era, y todos lo sabían, perfectamente inútil. ¿Quién iba a defenderse con una pistola de una agresión hecha por la espalda, con Thompson y en automóvil?

El lector, posiblemente, se imaginará a los cubanos aterrados en medio de este fragor. No era así. Nos habíamos habituado. La vida seguía su curso normal, debatiéndose todos con la crisis económica en que nos mantenía el bajo precio del azúcar. El hombre es un ser adaptable, y lo mismo que las salamandras de leyenda viven entre llamas, los habaneros vivían entre bombas. Así transcurrieron dos años.

IV.

Entramos ahora en el periodo agudo del relato y en la parte que justifica este libro. Habrá que escribir este retazo de historia cubana como recomendaban los clásicos latinos, sin ira y sin odio. Lo narrado con anterioridad es sólo el fondo vacilante de una escena cargada de momentos tenebrosos, sin gloria para nadie. Hay que escribirlos, porque aunque sin gloria, estas páginas serán algún día reclamadas por la Historia, que aun en sus momentos más brillantes tiene, siempre con exceso, la mancha oscura de los errores humanos.

Hubo muchos errores, errores de todas clases y de todos los grados en la semana en cuyo relato vamos a entrar. Había demasiada pasión en Cuba aquellos días para que se pudiera proceder sin equivocaciones. Había muchos intereses en pugna, muchas ambiciones en juego entre los que luchaban. Había, además, algo que es de suma importancia y ese algo no es una entidad misteriosa, ni un factor fatal de esos que asoman invisiblemente en la Historia. Se llamaba Summer Welles y era embajador de los Estados Unidos.

Ya dejé dicho cómo para Mr Welles era de una necesidad imperiosa agravar la situación cubana. Sólo así conseguiría que Washington apoyara sus amenazas intervencionistas. Mientras la amenaza de intervención no viniera francamente del Norte, él sabía que sería ineficaz con Machado. Que en Washington hicieran buenas sus veladas amenazas sólo podía conseguirlo llevando las cosas a sus formas peores. La huelga, ya lo he dicho, iba a brindarle aquel camino.

La huelga general nació por una lucha de intereses sin matiz político, pero se convirtió en arma contra Machado. No se convirtió ella sola, ni la convirtieron los obreros que la iniciaron. La convirtieron en arma política el ABC y Mr Summer Welles.

La huelga había comenzado el jueves. Se agravó el viernes y comenzó a tomar caracteres graves el lunes. Una semana después ya era un movimiento político y los distintos sectores proletarios comenzaban a recibir instrucciones del ABC. Pararon los estibadores en bahía. Pararon los tranvías. Se comenzó a hablar de cerrar todo el comercio y de que no se publicarían los periódicos. Los delegados del ABC visitaban los gremios, halagaban a los líderes, impulsaban el movimiento alentando al comunismo. Por igual, trabajadores y patronos obedecían.

Los unos porque tenían de antiguo sus derechos que reclamar y Machado nos le había sido propicio a esos movimientos que siempre afectan el orden público. Los otros porque temían las fuerzas secretas del ABC. Todos, además, se sentían garantizados por el embajador de los Estados Unidos.

Los delegados el ABC no se ocultaban para asegurar a todos aquellos con cuya cooperación querían contar que nada podría ocurrirles, porque el embajador amparaba la protesta. Eso lo sabe todo el que vivió en La Habana aquellos días históricos. Cuando se trató de que la policía abriera los establecimientos el comercio español colgó letreros que decían: «La llave de esta casa está en la Embajada». Los carteles con el tan poco patriótico alarde de sumisión al extranjero los repartían en automóviles los propios mediacionistas del ABC.

El cerebro director del movimiento gradual de huelga fue el único realmente comunista que en Cuba existe, Rubén Martínez Villena, que es, a la vez, el primer poeta de nuestra generación. Después de una estancia de cinco años en Rusia, trabajando en Moscú, Martínez Villena, que había dejado el país perseguido por Machado, regresó secretamente a la isla. Apasionado por su causa, no vaciló en servir al ABC, porque sirviéndole servía a su propio ideal, que no era, desde luego, el pequeño ideal de derribar a Machado para que otro régimen capitalista continuara, sino crear el desorden y, a la vez, poner en una situación difícil a los Estados Unidos, obligándolos a intervenir en Cuba.

Con la paralización total de la vida habanera –no había tranvías, ni periódicos, ni comercio– la Mediación se detuvo y era eso precisamente lo que el embajador deseaba. Ya la Mediación estaba muerta y nada se podía conseguir de ella. Sólo los oposicionistas, envueltos en una trama que no comprendían, seguían esperando algo de sus parcas actividades. Los delegados del Gobierno habían, desde el día 3 de agosto, informado a la Cámara y en sus palabras se adivinaba, aunque sin confesar, la muerte de aquel intento para poner de acuerdo a los cubanos.

Mr Welles se mantenía en contacto con los delegados y muy especialmente con el ABC. Era, de hecho, el supremo consejero. Además, era una cosa de mucha mayor importancia, el supremo amparo. La huelga creció y se mantuvo por las garantías que él ofreció. No se terminó a su tiempo y con la intervención de la fuerza pública, porque el embajador mantenía atadas las manos al Gobierno. A cada intento de suspender nuevamente las garantías constitucionales torcía el gesto y amenazaba. Hablaba siempre de derechos para la oposición, pero olvidaba voluntariamente lo deberes del gobierno.

Mr Summer Welles es un diplomático experto y sin duda un hombre de absoluto dominio de sí mismo. Sabe ocultar su pensamiento y acaso en ello radique todo su sentido diplomático. No podía, sin embargo, en aquellos días, disimular su actitud. Encontraba en el Gobierno de Machado una fuerza que no había sospechado antes. El régimen se mantenía vigoroso y se notaba que al primer empeño Palacio restablecería todo el viejo orden en muy poco tiempo. Aquel régimen no se terminaba con algaradas más o menos bien preparadas.

Pero ya el juego del embajador había sido descubierto. Aquella inactividad gubernativa frente a la huelga respondía a un plan de combate, puesto que el embajador, cuyos manejos entre los huelguistas eran conocidos de todo el público, precisamente buscaba un restablecimiento, por la fuerza, del orden. Ese hubiera sido su momento para dar la última batalla, como lo fue al cabo de unos días. Con suspender las garantías e imponer en la ciudad el estado de sitio, bajo la ley marcial, no hubiera quedado cerrada una sola puerta metálica. En Palacio no se ignoraba que los estudiantes, que amenazaban con «hacer cerrar con ametralladoras», no cumplirían su promesa si las tropas hubieran sido situadas en las esquinas. Pero aquello daría al embajador el punto de apoyo que buscaba. La actitud pasiva continuó, pues, por parte del Gobierno.

Se hicieron gestiones distintas y fue inútil conseguir que los obreros cumplieran las promesas que hacían a diario al presidente y al secretario de la Guerra, general Herrera. Ellos preferían cumplir las que habían hecho a Mr Summer Welles. Porque al finalizar la semana, ya la Embajada mediaba francamente en el problema, y hasta las oficinas del embajador capitalista iban los líderes, llamados a exponer sus quejas.

Los tipógrafos, como todos los obreros, habían presentado su pliego de condiciones a las empresas y éste fue llevado a la Embajada. De allí salieron los directores para modificarlo, después de cambiar impresiones con los doctores Martínez Sáenz y Saladrigas y el embajador Welles. La primera condición fue, entonces, la renuncia del presidente Machado. Ignoro si en los demás gremios se procedió en la misma forma y señalo sólo al de tipógrafos porque mis muchos años de periodismo activo me mantenían en contacto directo con ellos, y gracias a eso pude conocer el proceso del inexplicable cambio de actitud.

No hay que pensar que el procedimiento con los gremios obreros en general fuera distinto al empleado con los tipógrafos. Se puede considerar este caso particular como el general y sólo haré referencias concretas a él, porque en aquel proceso intervine indirectamente.

Dejo dicho que los tipógrafos, al entrevistarse con el embajador de los Estados Unidos, alteraron su pliego de condiciones y pusieron como punto inicial de lo que llamaban sus reivindicaciones la salida de Machado del poder. Pero esto no es una acusación que se pueda hacer sin reconocer a la vez que en aquella petición de los trabajadores había un fondo patriótico. Ellos creían firmemente que de permanecer el presidente Machado en el poder vendría la intervención. ¿Por qué lo creían? Aquí está lo grave. Lo creían porque así se lo aseguró el embajador de los Estados Unidos.

Uno de ellos, cuyo nombre me veo obligado a ocultar, porque sería desleal usarlo, acudió a verme al día siguiente de tener ellos el primer contacto oficial con los mediacionistas de la Embajada. Me consultó si, en realidad, la situación era como se les había hecho ver. Me explicó, además, que ellos se habían visto forzados –estas fueron sus palabras– a incluir su petición política porque se los había exigido, bajo amenazas, el ABC. Sólo por miedo a las Thompson de los extraños patriotas torcían los tipógrafos su línea de conducta. Ellos son comunistas, no políticos, y consideraban desvirtuar el espíritu de su protesta incluyéndole condiciones políticas. Quitar a Machado para que lo sucediera Céspedes, Menocal, Mendieta o Miguel M. Gómez no era su propósito ni, repitiendo las palabras del linotipista que me informaba, «su negocio». Ellos habían accedido a la petición, ya lo he dicho, por temor a ser asesinados después por la espalda, y porque creían así evitar la injerencia americana. La maniobra con los obreros fue la misma que días después, en la desesperación de verse cercado, utilizó Mr Summer Welles con el Ejército.

Con la huelga, La Habana estaba perfectamente tranquila. En su inicio y cuando todavía no era general, había surgido un incidente entre los peluqueros en huelga y los rompehuelgas de una peluquería nombrada La Americana, en Águila, entre Neptuno y San Miguel. Del tiroteo resultaron muerto un joven de apellido Camacho y algunos heridos. Fue el único caso de importancia registrado por entonces. Los demás se concretaron a incidentes de muy escasa monta y principalmente entre los choferes de alquiler, que en un principio no quisieron secundar a los ómnibus. Pero fuera de eso, ni un solo disparo se había escuchado en La Habana.

Cerrado el comercio, paralizado el tránsito de tranvías, de ómnibus, de camiones, con los cafés y los bares cerrados por primera vez en la historia de La Habana, la capital estaba en silencio y sofocada bajo el sol de agosto. Muy pocos transeúntes salían a la calle. La inactividad era casi total. Si no hubiera sido por la Embajada de los Estados Unidos, hubiera sido absoluta. Faltó el hielo. Faltó la carne. No se tuvo pan. Todos los establecimientos estaban cerrados y vigilados por el ABC. No se oía más que la música de la radio.

El sábado se habló de suspender las garantías constitucionales y de llamar a las tropas para hacer abrir los establecimientos por la fuerza. En Palacio el consejo fue rechazado. Aquello era, precisamente, lo que Mr Welles esperaba. Lo esperaba y lo decía, cosa que fue imperdonable error en un diplomático. Se lo decía a sus cómplices, que, a la vez, por los cuatro puntos cardinales de la ciudad, hacían correr la noticia. No se podía, tampoco, detener a los directores de la huelga, pues aunque sin derecho, hubieran invocado el pacto preliminar con el Gobierno. Se trataba de los propios mediacionistas.

Los obreros conferenciaron repetidas veces con el general Herrera, secretario de Guerra; con el Dr. Zubizarreta, y una vez con el general Machado, que los recibió a solas, en su despacho privado, durante más de dos horas. Siempre se mostraron equívocos. Prometían hacer cesar la huelga y no lo cumplían. Siempre había un pretexto. Detrás de ellos se descubría a Mr Summer Welles.

La primera semana de huelga general transcurrió irritantemente tranquila. Lo que se esperaba, gracias a la habilidad desplegada por Palacio, no ocurría. Surgió un incidente en el barrio de Luyanó, entre varios choferes y un policía. Fue dominado.

De *Cómo cayó el Presidente Machado* [1934]

No pasó nada más. Algunos barcos con turistas arribaron a La Habana, y por las mañanas, bajo el sol, con sus caras rojizas por el daiquirí, copiosamente bebido en Sloppy Joe's, sin tener nada que hacer, se les veía discurrir frente al Palacio Presidencial, curiosos y alegres. Después de beber mucho y de pasear poco, con la carga de maracas inútiles en sus manos sin habilidad, regresaban al barco sin escuchar un tiro. Posiblemente, algunos sufrían una desilusión grande, ya que gracias a la prensa americana esperaban encontrar una ciudad bajo el terror y con estudiantes asesinados en todas las esquinas. En el rostro se les descubría esa impresión de contrariedad.

Imaginar a La Habana perfectamente tranquila es difícil, pues nuestra capital tiene bien ganada fama de ser la ciudad más ruidosa del orbe. Allí grita todo el mundo. Gritan los choferes, los vendedores de periódicos, los venderos de helado, los de fruta, los de hierbas aromáticas, los de escobas y los de billetes de lotería. Gritan los que compran y los que venden, y todas las calles y las plazas están siempre bajo el eco de algún pregón. Pero como nadie vendía ni compraba, se realizó el prodigio del silencio. Después, con Céspedes, y con Grau San Martín, aunque tampoco se ha vendido nada ni nadie ha podido comprar, los gritos no se han podido contener.

Un Gobierno débil, un Gobierno sin fuerza, un Gobierno que tiene en su contra todos los factores que Mr Welles decía conocer, no se puede mantener en estas condiciones. No hago un comentario vacío, sino que apunto un hecho indiscutible. Sin sacar a la calle un soldado, sin hacerse una sola detención, sin dispararse un tiro, Machado mantenía orden, sosiego, paz y reposo en toda la República. En apariencia, la lucha era entre obreros y patronos y el Gobierno cumplía su deber en estos casos, manteniendo el derecho de cada bando.

Por eso, aunque la inactividad era absoluta, los Bancos mantuvieron abiertas sus puertas todo el tiempo, las oficinas públicas no dejaron de funcionar y todo ciudadano que quiso pudo salir a la calle sin peligro. Era un alarde de fuerza moral, puesto que las fuerzas materiales no se veían por parte alguna.

Entre los mediacionistas el desconcierto fue creciendo. Todo lo que por la convicción o el terror se había querido paralizar, estaba ya inactivo. Hasta las estaciones radioemisoras fueron obligadas a suspender sus programas. No quedó en el aire más que una estación misteriosa con que el ABC había estado trabajando desde meses antes. Pronto se le sumó la estación del ABC Radical. Entre ellas dos se apoderaron del éter. Después esas dos plantas han servido para fustigar terriblemente a Mr Welles, pero en aquellos días inundaron el claro cielo cubano con los más desmedidos elogios para el hombre de quien todo lo esperaban. No se podía encender un radio sin tropezar con la voz monótona, opacada y molesta de aquellos improvisados anunciadores. La inexperiencia diplomática de los abecedarios hizo mucho mal a Mr Summer Welles. Ellos eran, precisamente, los que ponían sus secretos manejos al descubierto en el aire. La mitad de lo que estoy relatando aquí se les escuchó contar a ellos en aquellas noches fatigosas de La Habana inmóvil. Ahora quizás lo nieguen, porque aún no se ha descubierto el medio de hacer volver la onda perdida en el espacio infinito.

En ese estado de reposo llegó el domingo 6 de agosto. Ya una parte de los obreros se había comprometido con el presidente a reanudar sus labores; que aquella vez si cumplirían su promesa era la impresión que había en el Gobierno. No fue así. Lo que sucedió aquella noche y a la tarde siguiente prefiero narrarlo sin comentarios, pues creo que el lector, con vista a los datos que le ofrezco, preferirá formar su propio juicio.

En la noche del domingo 6, el corresponsal en La Habana de la United Press, Mr Haas, me llamó por teléfono, ya muy tarde, para preguntarme si era cierto que el presidente Machado había presentado la renuncia. Le respondí que era absolutamente incierto y que podía garantizarle mi información, pues acababa yo de comer con el Dr. Averoff y en su casa nada se había hablado de eso, siendo imposible que Machado dejara el poder sin que lo supiera su colaborador en Hacienda. Pregunté a la vez a Mr Haas de donde procedía la noticia, y no quiso darme una respuesta concreta, pero al hablarme de la «segura» fuente de información en que la había tomado, comprendí que aludía a la Embajada. La impresión se convirtió en seguridad cuando a la mañana siguiente supe en Palacio que el corresponsal de la Associated Press, Mr Mac Night, había llamado a la misma hora al doctor Ramiro Guerra, secretario de la Presidencia, y que a pesar de la seguridad que se le dio negando la certeza de aquel «rumor sin base», la Associated Press, una de las agencias informativas más serias del mundo, la había transmitido a sus periódicos. Eso indicaba, a las claras, que la persona que había facilitado a los corresponsales la noticia les merecía un crédito mayor que el secretario de la Presidencia. Solamente podía tratarse del embajador. Si alguien puede llegar hasta los récords de la Associated Press, busque sus cables de La Habana en la noche del 6 de agosto. De todos modos, basta leer un diario servido por la AP, fecha 7 de agosto.

Con aquella falsa noticia, consiguió Mr Summer Welles que la huelga se mantuviera. Pero eso no bastaba. El orden seguiría inalterable, pues ya se había probado el control que el Gobierno mantenía. De allí surgió el consejo maquiavélico, dado al ABC y que fue pocos días después conocido, porque los abecedarios jamás fueron lo discretos que hubiera sido preciso a la oscura diplomacia de Mr Summer Welles: «Hay que hacer salir el pueblo a la calle, para que Machado vea su impopularidad».

Hacer salir a la calle al pueblo era criminal, porque, dada la tensión de los ánimos, era inevitable un choque violento. Pero ¿qué importaba aquello, si garantizaba la salida de Machado o la intervención? Así pues, cuando a las cuatro de la tarde del lunes la estación pirata del ABC Radical comenzó a propagar por toda la ciudad la noticia de que el general Machado había renunciado, la estación oculta del otro ABC mantuvo el silencio, aunque acusó, dos días después, al propio Gobierno de ser autor de la falsedad, asegurando que el ABC Radical era de machadistas.

Inmediatamente el Gobierno tomó medidas para poner una valla a la multitud suicida. La estación policíaca de La Habana y una que funcionaba en Gobernación, de acuerdo con la secretaria de Comunicaciones, se pusieron en el aire para desmentir el rumor y negar la noticia. Pero los enemigos del Gobierno no sintonizaban aquellas estaciones. Querían «la suya» y ella era la que los lanzaba a la calle.

El silencio en la ciudad quedó roto como por encanto. Cientos de automóviles, miles de personas invadieron las calles en todos los barrios e iniciaron la marcha sobre Palacio y sobre el Capitolio, en donde estaban reunidos los congresistas para votar la suspensión de las garantías institucionales. Al principio, desde Palacio se dio la orden de disolver aquellos grupos en la forma más prudente, tratando de no causar muertos ni heridos. Esa fue la instrucción que recibió la policía desde la Jefatura, orden que se trató durante una hora de cumplir. Pero no fue posible. Un policía cayó abatido a balazos en el barrio de Luyanó y otro murió frente al mercado de Abastos. Arrollando cuanto a su paso encontraba, la multitud seguía avanzando entre cantos revolucionarios y voces de ruda amenaza.

Llegó un momento, a las siete de la noche, en que el jefe de Policía, brigadier Ainciart, planteó el problema. Había que proceder con mano dura o entregarse a la multitud enardecida. Ya el grupo más nutrido, formado por dos o tres mil personas, estaba cerca del Capitolio y a menos de ocho cuadras del Palacio presidencial.

La suerte estaba echada y se comprendió en aquel momento que todo estaba perdido. Lo que por varios días se había evitado con tanto celo era ya imposible de esquivar. O Palacio abría sus puertas al pueblo o resistía. El primer camino era absurdo, cobarde e inmoral. Se tomó el segundo y se dio la orden de salir a disolver los grupos.

El tiroteo comenzó frente al Capitolio. Allí desembarcaron de sus automóviles los expertos y se concertaron todos los policías de las cercanías, que iniciaron la disolución de los manifestantes disparando al aire. La multitud se dio a correr con ese pavor que tienen las multitudes cuando se sienten más débiles. De pronto un policía cayó muerto, y se descubrió que desde un balcón del Centro Gallego estaban disparando. Se reanudó el tiroteo y sonaron las ametralladoras de mano. Todo fue muy rápido y apenas si dio tiempo a los representantes a darse cuenta de lo que ocurría en la calle. Algunos de ellos salieron, mientras la sesión continuó y el representante Aquilino Lombard prosiguió su discurso. Sólo pudieron ver unos cuantos heridos y algunos muertos, a los que se introducía en automóviles, pues el grueso de la manifestación, rehecha un poco más adelante, estaba ya a dos cuadras de Palacio.

La imaginación tropical ha llegado a describir la lucha frente a Palacio como un episodio lleno de sangre, de pólvora y de plomo. Se ha dicho que desde allí fue ametrallada la multitud con las ametralladoras que defienden la residencia del Ejecutivo. La verdad es que sólo hubo un muerto, y eso de revólver. ¿Puede una multitud de dos mil personas ser atacada de frente y a campo raso por ametralladoras y tener una sola baja? Es inútil otro razonamiento. La verdad es que desde Palacio sólo hicieron disparos algunos policías y con su revólver el capitán Florindo Fernández, jefe de la guardia palatina. Los soldados fueron mantenidos dentro del patio central y ni uno solo asomó en la calle.

El orden, cuando el Gobierno se lo propuso, fue restablecido en menos de una hora. A las ocho la ciudad estaba otra vez en calma, aunque quedaban bastantes automóviles circulando embanderados y dando gritos contra Machado. Eso no evitó que, con sorpresa por parte de todos, se viera salir en su automóvil y sin tomar más precauciones que las de costumbre al general Machado, dirigiéndose a comer a su finca. El automóvil tomó por Prado, bajó al Malecón, subió después de buscar la carretera y se internó en el camino desierto.

La imprudencia se repitió como a las nueve, cuando el presidente regresó a Palacio. Allí se informó tranquilamente de los acontecimientos y del número de bajas: 18 muertos y casi 100 heridos. Hasta entonces aquel número de muertos era impresionante, aunque después se ha visto por los acontecimientos posteriores que apenas tiene importancia.

Machado estaba profundamente afectado. Comprendía que la batalla estaba perdida y que Mr Summer Welles triunfaba. Los acontecimientos de aquella tarde bastarían al embajador para obtener lo que necesitaba de Mr Roosevelt. ¡Ahora sí la intervención dejaba de ser un vano fantasma y tomaba formas concretas! El general quiso hablar por última vez al pueblo desde la Presidencia.

A pie, rodeado de un grupo de amigos, salió el presidente de Palacio, en dirección a la Jefatura de Policía, situada a tres cuadras, y en donde existe una planta de radio para uso oficial, por cuyo micrófono habló. Habló para dolerse de lo ocurrido y para reafirmar una vez más su posición frente a Mr Summer Welles. Habló de la intervención, considerándola posible, pero anunciando, al mismo tiempo, que él sabría mantener la soberanía cubana y que, si saltando por sobre el derecho de Cuba a resolver sus propios problemas los Estados Unidos desembarcaban un solo soldado, él resistiría con las armas. De allí nació el rumor, publicado al día siguiente por los diarios norteamericanos, de que «Machado anunciaba que declararía la guerra a los Estados Unidos».

Hitler y la falsificación de la historia
[1940]

No sé las consecuencias políticas que podrá tener el discurso de Hitler. Posiblemente, serán pocas, porque a lo largo de esa oratoria inflamada del jefe alemán hay tanto ropaje que se esconden las ideas. Pero de todos modos el discurso de ayer, dicho ante el Reichstag, tiene una gran trascendencia como fenómeno. Hitler, después de haber pautado las ideas alemanas y de haberle puesto una venda a la crítica, la ha emprendido a coces con la Historia. Y eso es gravísimo como síntoma. Porque Hitler está hablando a conciencia de que el Mundo lo oye y en la seguridad de que, en todas las universidades, en todos los liceos y hasta en las escuelas de primera enseñanza de los países vecinos, se sabe que está falseando los datos, torciendo la verdad y desviando el juicio histórico.

Yo no sé lo que pensarán de todo esto los profesores alemanes, tan meticulosos y tan exactos como poco brillantes. La afirmación hitleriana de que «mucho antes de que se descubriese América, existía ya el Reich, no sólo con su actual grandeza, sino con muchas más provincias», es de las que espantan. Ni siquiera von Tritchke, con todas sus exageraciones y con ser vocero de la gran unidad y expansión prusianas, llegó a tanto. Bien es cierto que el gran historiador era prusiano y Hitler es austriaco. Eso explicará, tal vez, sus exageraciones.

Hablar del Reich en el siglo XV es tomar el continente por el contenido. Había –y venía desde los tiempos viejos y dislocados de las invasiones– pueblos «teutónicos». Pero eso no significa, en ningún sentido, unidad. Ya entre los bárbaros, los romanos discernían a los «teutones», y los encontró Tiberio en las fronteras del Imperio dirigidos por Marbod, y los halló para su desgracia Varus. Pero, ¿cómo hablar de dos mil años de unidad como hace Hitler? ¿Unidad de qué?

Pero a Hitler no le preocupa, según parece, la Historia. De un brochazo barre con Ranke y con el prusianismo de Waddington. ¿Qué Gebbhardt está negando sus asertos? Pues otro brochazo y se acabó Gebbhardt. Le queda uno solo, el más tenaz de los historiadores alemanes, el más imperialista, el menos ceñido a la realidad, Karl Lamprecht. Y ya veremos lo que hace con todo lo que Lamprecht dijo, escribió y enseñó.

Hace algunos días hablaba yo desde esta propia columna de cómo Mussolini ha retorcido la Historia a su gusto para inculcar a los italianos la idea de que son los herederos de Roma. Esto parece ser una característica de los regímenes totalitarios. Pero es más grave en Hitler el hecho que en Mussolini. Primero, porque el Duce cae en una simple exageración cuando improvisa la Historia, mientras que el Führer la deshace, la invierte y la despedaza, lo que no es lo mismo. Y segundo, porque Mussolini habla a un pueblo mucho menos enterado y mucho más sugestionable que el alemán. En lo que sí coinciden ambos es en echarse a la espalda la Verdad con tal de crear una que sirva a sus planes expansionistas.

Hitler habla de la invasión del Austria como una consecuencia natural del totalitarismo germánico. Austria fue en un tiempo parte de la nación germana, en el sudeste del Reich. Los alemanes de ese Estado descendían de colonizadores de todas las tribus germanas. Con esta lógica, llegamos a la conclusión de que Francia debe ser invadida por los italianos, de que España debe ser fraccionada, de que no existe Inglaterra y de que es un mito la nación holandesa. Y es en esto que se refiere a la explicación de la invasión austríaca, en donde, como antes apuntaba, se encuentra la superación de Lamprecht hecha por Hitler.

El historiador y sociólogo, defensor de la unión austro-alemana, la encontraba natural porque describía raíces comunes entre los alemanes del Norte y sus vecinos. Pero no pasaba de ahí. Hitler llega más lejos. Olvida que Lamprecht señalaba en sus lecciones que Austria es celta, checa y franca, mientras Alemania, propiamente, es sajona y eslava. Que es cierto esto lo confirma el hecho de que al llegar la liquidación del Imperio Napoleónico –de «Napoleón el corso», como dice Hitler–, para afirmar sus derechos y reconquistar unos miles de súbditos, el rey de Wurtemberg sostuvo en Viena que había tres Alemanias, una prusiana, otra austriaca y la tercera wurtemburguesa, criterio que predominó al firmarse la paz.

Nunca la unidad alemana fue una realidad política. Ni esta teoría de la raza fue jamás invocada en Alemania como lo está siendo ahora. La casa de Baviera –reino desprendido de los güelfos del siglo XII– fue por siglos aliada del reino de Francia primero y después del de Austria, siempre contraria a la Alemania norteña que tenía en Prusia su mayor amenaza. Los checos, que Hitler ha incorporado al Reich, fueron sus dominadores bajo Carlos VI. La monarquía imperial teocrática de Federico Barbarroja y de Enrique VI no fue alemana, como Carlos V, emperador de Alemania, no era teutón sino borgoñón, es decir, franco.

¿Los eslovacos alemanes? Hitler lo dice desenfadadamente. Y no lo fueron nunca. Primero, cerraron el paso a los bárbaros cuando estos bajaron sobre el Imperio Romano decadente y dividido, y después fueron, simplemente, pueblos sometidos en una parte a los alemanes y ceñidos a otras coronas los más. ¿Y los checos? Según Hitler, a través «de miles de años» viviendo unidos llegaron a unificarse con sus vecinos en cierto grado. Tanto valdría decir que el cubano y el norteamericano constituyen una unidad étnica, porque giran en una misma órbita económica.

Este discurso de Hitler es la obra de un paranoico. Pero él está hablando a su pueblo, a un pueblo culto, preparado y dueño de una tradición cultural de primera línea: ¿lo creerán los alemanes? Ese pueblo que García Calderón llama «de filósofos y soldados», ¿dejará de pensar por disciplina? Mucho es de temer. Esto, que un latino puro –y muchísimo menos un cubano– no será capaz de concebir, lo concebimos bien los que, más o menos, pudimos esta en contacto con la mentalidad germánica. El muchas veces citado Lamprecht elogiaba como máxima cualidad del alemán su «fidelidad a los hombres dirigentes».

Aunque bien es cierto que un observador sagaz y buen conocedor del pueblo tudesco, Stewart Chamberlain –tío abuelo del actual primer ministro inglés– decía que esa fidelidad elogiada por Lamprecht se parecía mucho a la canina, lo que convierte en sátira el elogio aparente.

¿En qué consiste el orden? [1940]

¿Qué es en realidad el orden? He aquí una pregunta que debían hacerse, para meditar bien la respuesta, muchos idólatras a ciegas del totalitarismo. Por lo general, las personas bien instaladas en la vida y que tienen medios propios de fortuna, con capital bien afincado, reverencian el orden y con razón. Pero rara vez profundizan en el contenido de ese orden. Para ellos, el orden es la mano fuerte, la mordaza al pensamiento, la fila, el silencio y el jefe. En ese caso Hitler les parece un ejemplo admirable. Y Francia, por consiguiente, se les presenta como un detestable ejemplo de continuo desorden.

Como piensan poco, no analizan nada y observan a la ligera, ya tienen hecha su composición. De un lado del Rin, el orden. En la otra ribera, el desorden. Detrás de la línea Siegfried, el trabajo continuo, las humeantes usinas, el obrero disciplinado. Tras la línea Maginot, el latino que habla alto, que rompe vidrieras, que quiebra ordenanzas. Para estas gentes simplistas la cosa es bien clara. No así para quien las analice con un poco de sentido humano y con mayor comprensión de la realidad. Ya no es tan fácil cualificar. Se hace más difícil establecer las diferencias. Porque es lo cierto que el orden no está en el silencio, ni en la fila, ni en la usina sin huelgas. Eso no es más que una apariencia de orden; pero como es antihumana la actitud, como trata de ignorar acciones y reacciones del hombre en sí, no construye más que un estado pasajero. La verdad es que el desorden es lo que existe, aunque presionado por una mano fuerte y contenido por un régimen absolutista. Eso y no otra cosa es el orden hitleriano.

Bajo esa apariencia de orden, hay el judío que se apresta a sacudir la coyunda y el desprecio, hay los miles de comunistas silenciosos, los millones de ex-ciudadanos sumados al carro triunfador del Führer, la nobleza prusiana humillada, los Junkers sometidos y todos los silencios que estas cosas significan. Es decir, contenidos, latentes, esperando el momento de desarrollarse en una forma agresiva y llena de violencia, hay gérmenes de desorden.

En Francia sucede todo lo contrario. El desorden es lo externo. Hay motines, protestas, gritos callejeros. A veces, las cosas se matizan de un cariz más agudo y de peligrosidad mayor. Interviene la «Guardia Móvil». Crece la protesta, y finalmente, todo vuelve a su cauce. La fermentación, como ha podido salir al aire, no hace estallar la botella.

Parecerá una paradoja y es una realidad: en Francia hay muchos menos comunistas que en Alemania. La diferencia está en que mientras unos pueden manifestarse, andan los otros cubriéndose el corazón revolucionario con las camisas pardas del nazismo. Hitler ha reducido al silencio a los grupos numerosos de socialistas radicales y de comunistas que existían antes. Pero silenciarlos no es cambiar su ideología. Maniatarlos por el terror no es sino obtener una sumisión aparente. El obrero alemán sigue trabajando en las mismas pésimas condiciones anteriores al 41. Su caso dista mucho de ser el caso italiano. Bajo Mussolini, el obrero ha ganado en salario, en trato, en posibilidades y en condiciones de vida lo que ha perdido en libertades. Por lo menos, tiene esa compensación bien estimable. Lo que el capitalismo ha perdido en Italia –y ha perdido mucho y pierde más cada día– lo ha ganado en Alemania.

Pero tampoco el orden italiano es sólido. Tiene mucha más firmeza ese orden francés, orden de pequeña burguesía ahorrativa, de campesino asegurado en el bienestar, de pequeño comerciante y de pequeño industrial. Si en Francia el comunismo no ha progresado y si está orientado mejor, es porque ha podido vivir libremente. Unos grupos han seguido dentro del radicalismo. Otros fueron derivando por los caminos del radicalsocialismo. Así se llegó a la dictadura de Daladier, que hoy gobierna a Francia. Dictadura a que obligan las circunstancias de la guerra, al modo romano clásico, para hacer más unidas las fuerzas y darle cohesión a la vida nacional. Porque la dictadura no es un mal. La dictadura es el único sistema de gobierno en momentos de peligro nacional, cuando no se pueden perder horas en polémicas porque el enemigo toca a la puerta.

Además, la dictadura es un régimen de circunstancias. Dura mientras se mantengan las condiciones que la determinaron. Cuando se prolonga fuera de ellas y sin una razón que la justifique, la tiranía es su secuela. Y por tanto, degenerado el principio y prorrogado lo que fue bueno como pasajero, se establece un orden que es sólo apariencia, exterioridad y principio de desorden, en lugar de ser continuidad de lo ordenado.

Si se enfocara el problema del hitlerismo en esa forma, Hitler perdería muchos adictos tropicales, como los perdería también Stalin. Pero solemos enjuiciar hombres, circunstancias y actitudes con menudos prejuicios. Somos con exceso inclinados a encasillarnos en una parte o en la otra, por mimetismo, por conveniencia también y muchas veces, sin ninguna razón fuera de las débiles que radican en el afán de marchar a la vanguardia con los extremismos.

El espíritu nuevo de Francia [1940]

Es curioso ver la unanimidad del pensamiento francés frente al nuevo drama que le toca vivir. Nada de ataques, ni de desprecios, ni de frases altisonantes. El enemigo está a unas pocas millas y no se nota su presencia. Se ve la guerra como una lamentable necesidad. Pierre Gaxotte, una de las plumas más brillantes de la Francia de ahora, advierte que esta vez el francés va a la pelea sin cantos bélicos y sin flores en la boca del fusil. Y lo explica.

En 1914 Francia tenía que reconquistar Alsacia-Lorena. Hoy no va a ganar ningún territorio. Simplemente, a defender lo que tiene. Pierre Wolff canta en «Marianne» a los viejos soldados veteranos que voluntariamente han ido a cubrir las posiciones de mayor peligro. Roland Dorgeles advierte desde las columnas de *Paris Soir* que «Francia no va a batirse como antes, por la libertad del mundo, sino por la suya». Y en medio de estas notas graves, hondas, sencillamente dramáticas, se escapa la sonrisa de París. Uno de los pocos animales del Zoológico que no pudo ser llevado lejos fue el elefante marino. Estaba condenado a morir al primer bombardeo con gases. Sus guardianes lo llamaban «el reo de muerte del parque». Y se murió inesperadamente. Con ese motivo, el *Petit Parisien* dice: «¡Ah, si supieran los cisnes y las panteras la amenaza que es para el Canciller del Reich!».

En toda esta prosa nerviosa, escrita en tensión, late el alma de Francia. Pero no es la vieja Francia de las canciones bélicas que vivió hasta 1914. No hay compases de Marsellesa. No hay las melodías de «La Madelon», que nació en el boulevard y se quedó viviendo en las oscuras trincheras. Este pueblo francés, cansado de fustigar la gloria, quiere ahora vivir en paz, cultivar su jardín, ver espigar sus trigales y romper las vides prometedoras. La fatalidad del vecino expansionista le obliga a cargar la mochila, recoger el fusil y partir hacia el frente. Los que conocen la literatura *avant guerre* de 1914 se sorprenden un poco. No hay en esta hora, ni en las que precedieron al estallar el conflicto, un Charles Péguy cantor de la guerra justa. Hasta el último momento, hasta que escribió en Arras –¿fue Arras?– su última carta, Péguy cantó la guerra. Y murió en ella legándonos poemas inigualables.

Ahora es distinto. Se repasan los grandes semanarios y no se encuentra sino una heroica resignación, fatalismo elegante, y el latir de una suprema esperanza de que «esta sea la última guerra por la Justicia». Mientras esto ocurre en Francia, allende el Rin –el río amado de la Historia– todo es rudeza conquistadora, afán de avasallamiento, procacidad en la frase y amenazas a todos los vientos. ¡Y dice Hitler que lo impulsan a guerrear!

Y lo más impresionante en los periódicos franceses es el cuadro que cada uno publica en su primera plana, de colaboradores movilizados. Son, con raras excepciones –Georges Blond, Andrés Nicolas, Cousteau, y algún otro–, nombres que todavía no tienen eco. Mozos en su mayoría que empiezan a espigar en el campo literario. Se los lleva la guerra. Muchos no volverán de ella. Otros tornarán mutilados. Y aun los que regresen sanos tendrán enferma y ulcerada el alma por la cruda realidad desesperada. Fue así en 1914. Se podría hacer una pequeña biblioteca con las obras de los jóvenes escritores víctimas de la guerra anterior, que se revelaron como escritores de primera línea después de muertos o estando agonizantes, como Frappa y Bertrand.

Sorprende este nuevo espíritu en la vieja Francia. Como ella ha sido siempre precursora de tiempos nuevos, florece la esperanza de que el hombre del siglo xx, al mediar este, empiece a comprender lo vano, cruel e inútil del guerrear. La falta de cantos bélicos en la Francia que se defiende es un síntoma para quien sepa interpretarlo.

Prólogo a Luperón: brida y espuela [1940]

Mozo era Virgilio Ferrer Gutiérrez y estudiante de los buenos, cuando hace años, una de nuestras turbonadas políticas lo obligó a dejar el aula de estudio y el patio de la protesta. Otros en iguales circunstancias se irradiaron hacia el norte y algunos se fueron más lejos. Él se dio a recorrer el Mar Caribe en un juvenil afán de exploración espiritual. De Haití, saltó a la República Dominicana. Después, curioseó y estudió a Bolívar en Caracas. En Cartagena de Indias, más tarde, buscó la huella ilustre de los conquistadores. Cuando regresó a Cuba traía, además del conocimiento directo de los hombres y de las cosas de esos países, una honda preocupación por todas las cosas del caribe, «mar bolivariano», y un profundo amor leal hacia la República Dominicana.

Cónsul espiritual de la patria de Máximo Gómez en Cuba, Ferrer Gutiérrez ha dado preferencia, en sus trabajos y en sus estudios, a todas las cosas dominicanas. Como siempre tiene a la mano el dato que se necesita y en su biblioteca ocupa espacio preferente la producción antigua y moderna de la isla vecina, a él se acude con frecuencia y de este modo sirve, aun sin escribir, a la causa de la compenetración y el mutuo conocimiento de los dos países.

Después de *Itinerario*, libro en que reunió crónicas y estudios de sus singladuras por el Caribe, da a la imprenta este trabajo sobre el general Luperón, valiosa contribución a la historia americana y homenaje del escritor al país que ya conoce y ama un poco como suyo.

El general Luperón ha sido escogido acertadamente por Ferrer Gutiérrez como tema de un libro que no ha querido ser sólo la biografía de un hombre, sino también una larga fracción de historia dominicana. En él la figura central, con ser de trazos tan precisos y tan claros, se esfuma más de una vez por la intensidad del fondo. Un hombre de nobles y profundos afanes lucha, se irrita, pelea y aconseja, en medio lleno de pasiones en pugna. Carlyle hubiera querido para su pluma fría esa vida del antillano ilustre que Ferrer Gutiérrez ofrece ahora a los estudiosos de la historia de América.

Luperón es el hombre puro por lo que tiene de autodidacta. Obligado hasta a hacerse el nombre como un romano de la primera monarquía, tiene que cultivarse mientras lucha. Pero su medio social, modesto y aislado, no tiene ni ideas heredadas ni influencia extranjera. Es un dominicano y nada más. Los viajes, el influjo de los horizontes, las culturas viejas, todo eso que sirve para moldear en un hombre el pensamiento propio, le llegan después que el suyo ha fructificado. Ya, para su vida interior, le han de servir de poco, pero como en Luperón no hay egoísmos, eso lo va a utilizar hasta el último momento en bien de su patria. Y así hasta la muerte, que Ferrer Gutiérrez nos pinta en trazos profundos con toda la intensidad breve que el morir tiene para los que han sabido andar siempre con la muerte en pleito. Murió como un estoico. Zenón lo hubiera tomado como ejemplo.

Una biografía no puede ser el relato cronológico de una vida por muy activa y muy trascendental que esa vida sea. Lo que de Plutarco no aprendieron sus sucesores hasta última hora, fue colocar al hombre en el medio en que se desenvuelve. Sólo dando al fondo el vigor que necesita se determinan los valores del primer plano. Y en eso también Ferrer Gutiérrez ha tenido un acierto.

La virtud de Luperón, su tenacidad en servir, su desprendimiento, su patriotismo, se aprecian mucho más cuando se le estudia teniendo por fondo la dislocada política dominicana de su tiempo. Por eso Ferrer Gutiérrez ha tenido para el fondo preocupaciones de cosa fundamental. El error de Olmedo, que Bolívar le señalaba con sentido profundo de conocedor, fue querer cantar a los héroes de Junín como si cargaran en los campos griegos. Lo primero que en este libro se destaca es el medio ingrato en que el protagonista se desenvuelve. Precisamente toda la grandeza de Luperón y todo su drama es ése. El hombre, biológica y espiritualmente, es una reacción del medio. Lo que se admira más en el antillano es su desprendimiento cuando está entre hombres que sólo creen poder servir a la Patria desde el poder. Y lo que más asombrará es constatar que aquel hombre de guerra no amaba sino la paz. Sólo que el medio lo obligó a vivir con la formula latina de *si vis pacem, para bellum*.

La República Dominicana, que ha dado a Luperón con el tiempo el sitio de preeminencia que merece, recibirá, con agrado que obliga a la gratitud, este libro sereno y severo del joven historiador que rinde valioso servicio, además, a la disciplina histórica americana, ofreciéndole la biografía de un gran hombre continentalmente desconocido. Por su parte, el escritor que de mozo no sintió anhelo de lejanías y se dio a navegar por el Caribe escribe la obra que de él se podía esperar, ofreciéndome el honor de tributarle el primer aplauso.

El Héroe [1942]

Héroe es aquel que, teniendo algo que perder, poco o mucho, sabe sacrificarse. Por ejemplo, Ricaurte, cuando voló el polvorín de San Mateo y así evitó que las tropas de Boves se pertrecharan para seguir persiguiendo a Bolívar. Héroe es Maceo cargando en una simple escaramuza para salvar el grueso de sus fuerzas, sabiendo que moriría, o cuando quemaba Marianao, para desprestigiar a Weyler. Héroe Máximo Gómez cuando, en su entrevista con Martínez Campos este le ofreció Todo menos la Capitanía General, rechazó airado la más ligera insinuación de aceptar dinero, y se conformó con ir al destierro, sin un centavo, a seguir en la miseria con su mujer y con sus hijos. Héroe es el general Doumesnil, encerrado en la fortaleza de Vincennes y amenazando volarla antes que entregarla a los dueños de París, si no recibía orden expresa de Napoleón, a quien había jurado obedecer. Heroísmo inútil, es cierto, pero que salvaba un principio de disciplina. Y héroe, de los grandes, el soldado desconocido, el anónimo, el que salió a batirse en la trinchera para defender lo que tenía y salvarlo para sus hijos.

Ficha bibliográfica

— (1921): «La evolución modernista». En *Los Contemporáneos*, 9-24.
— (1921): «Los fundamentos lógicos del futurismo». En *El Fígaro*, octubre: 480.
— (1921): «El Conde Tolstói». En *Social* 12, diciembre: 31.
— (1922): «La palabra futura». En *Las rutas paralelas*, 67-82.
— (1922): «El espiritismo como producto sentimental». En *Las rutas paralelas*, 83-102.
— (1922): «Origen del concepto de lo bello». En *Las rutas paralelas*, 193-208.
— (1923): «La filosofía del porvenir». En *Claridad* 111, octubre: 100-103.
— (1923): «La guerra, triunfo de Nietzsche». En *Social*, noviembre: 73.
— (1923): *La Palabra de Zarathustra: Federico Nietzsche y su influencia en el espíritu latino*. La Habana: El Fígaro.
— (1924): «La novia de Iván». En *Social*, diciembre: 38.
— (1925): «José Ingenieros y su aporte al pensamiento americano. En *Social*, diciembre: 13, 76.
— (1926): «El error de la democracia». En *Revista Cervantes*, febrero: 8-10.
— (1927): «La Sociedad Americana del siglo xix». En *Revista de Filosofía*: 358-364.
— (1927): *Biología de la democracia: ensayo de sociología americana*. La Habana: Minerva.
— (1929): «La estudiantina pasa». En *Fray mocho: revista semanal* 877, febrero: 28.
— (1929): *La crisis del patriotismo: una teoría de las inmigraciones*. La Habana: Editorial Martí.
— (1931): «La Musa Mulata: sobre Nicolás Guillen». En *El País*, noviembre: 10-14.
— (1934): *Como cayó el Presidente Machado: una página oscura de la diplomacia norteamericana*. Madrid: Espasa-Calpe.

— (1937): *Vendaval en los cañaverales*. La Habana: Tipografía La Universal.
— (1940): *Francia en la trinchera*. La Habana: Cárdenas.
— (1940): «Prólogo». En Ferrer Gutiérrez, Virgilio: *Luperón: brida y espuela*. La Habana: Carasa y Compañía, 11-14.
— (1942): «El héroe». En *Ariel*, 3084-3085.

Agradecimientos

Todo libro arrastra con sus fantasmas y compañeros de ruta. En primer lugar, quisiera agradecer la generosidad y el compromiso intelectual de Waldo Pérez Cino, quien desde los sellos Bokeh y Almenara alienta formas de recuperación de herencias a contrapelo de un presente que se ha desentendido completamente de la transmisión de la tradición. En los últimos tiempos, he discutido sobre Lamar Schweyer y pensamiento reaccionario con una serie de amigos e interlocutores quienes han enriquecido mi propio pensamiento. De ahí que extiendo mi agradecimiento a los amigos Arístides Falcón-Paradí, Alberto Moreiras, Carlos A. Aguilera, Rafael Rojas, Jaime Rodríguez Matos y Sergio Villalobos-Ruminott. Un fragmento de la introducción fue publicado en el magazín *Rialta*, gracias al interés de Carlos Aníbal. Finalmente, le agradezco a Lindsey Reuben Muñoz su apoyo incondicional.

Gerardo Muñoz

www.ingramcontent.com/pod-product-compliance
Lightning Source LLC
Chambersburg PA
CBHW031433160426
43195CB00010BB/711